PIERRE-YVES VI[illegible]

GAMER

7 RÉTROVIRUS

éditions les malins

Québec
Crédit d'impôt livres
Gestion SODEC

Gouvernement du Québec – Programme de crédit d'impôt
pour l'édition de livres – Gestion Sodec

Gamer, 7 – Rétrovirus

info@lesmalins.ca

Directeur littéraire : François Couture
Éditeur : Marc-André Audet
Directrice éditoriale : Marianne Dunberry
Correcteurs : Corinne de Vailly, Fleur Neesham et Jean Boilard
Directrice artistique : Shirley de Susini
Direction artistique et conception de la couverture : Shirley de Susini
Mise en page : Diane Marquette

Dépôt légal – Bibliothèque et Archives nationales du Québec, 2019
Dépôt légal – Bibliothèque et Archives Canada, 2019

ISBN : 978-2-89657-897-9
ISBN PDF : 978-2-89657-999-0
ISBN ePub : 978-2-89657-998-3

Imprimé au Canada

Les éditions les Malins inc.
Montréal (Québec)

Financé par le gouvernement du Canada | Canada

ASSOCIATION NATIONALE DES ÉDITEURS DE LIVRES

Pour Shirley,
qui connaît toutes les couleurs
par leur prénom.

« Qu'est-ce qu'un homme ?
Un misérable petit tas de secrets. »

– *Castlevania* : *Symphony of the Night*

Table des matières

Prologue

Mon cerveau souffre d'avoir trop travaillé. Mes réflexes sont endormis, me rappelant que c'est moi qui ai besoin d'une cure de sommeil. Résultat : l'efficacité de ma matière grise baisse à vue d'œil et les bogues se multiplient de façon exponentielle. Pas qu'une bactérie néfaste y ait élu domicile ni qu'un zed soit en train de croquer dedans, non, rien de tout cela. Bon, il y a bien une horde de zeds qui me court après, mais celle-ci étant virtuelle, mon cerveau devrait s'en sortir intact. Rien n'est moins certain pour celui de Stargrrrl version apocalypse zombie, par contre.

Stop ! Reprenons du début.

C'est la faute au virus. Reprogrammer le virus du Spectre me demande beaucoup plus de temps que je ne l'aurais imaginé. J'y passe pratiquement toutes mes soirées depuis… depuis que Gabryelle et moi avons décidé d'un plan pour infiltrer le Spectre ! Je code, elle vérifie, elle trouve une faille, et je recode. C'est comme un niveau impossible à franchir. Si ça continue, je n'aurai plus le code dans le sang, car je l'aurai tout vomi.

Reprends-toi, Laurie. Inspire. Expire. Tout ça, c'est pour le bien de la mission.

Coder, c'est comme un marathon : c'est une course de longue haleine. Ah ouais ! La course, ça, je connais. Chaque séance de travail nous mène plus près du but ; chaque fois, ma version modifiée du virus est un peu plus indétectable, un peu mieux camouflée, donc toujours un peu plus difficile à trouver. La dernière fois, Gabryelle a mis deux jours complets avant d'identifier une trace. Deux jours, c'est pas mal, mais ça reste encore trop court : le virus doit être parfait. Rien de moins que parfait.

Le cerveau en bouillie, j'ai au moins la lucidité de reconnaître que j'ai besoin d'une pause, que j'ai le droit de me récompenser (de procrastiner, donc) et de décompresser un peu avec une séance de jeu *no brainer*. Pas de stratégie, pas de grande décision : que de l'action afin que mes cellules grises se détendent. Je serai plus productive ensuite.

Avec la meilleure des volontés, j'étais allée faire quelques recherches sur ACCèS ReFuSé, espérant y trouver de l'inspiration, voire carrément des réponses à mes problèmes de codage. Les membres y discutent de la façon dont ils s'y sont pris pour attaquer un problème (ou un site) précis et comment ils s'en sont sortis; d'autres vont suggérer des solutions parfois plus efficaces ou plus discrètes; l'inévitable troll va ridiculiser le manque de compétence de tout un chacun avant de proposer une non-solution qui n'aurait pour effet que d'alerter les cyberautorités – j'imagine que les trolls doivent se bidonner en voyant des *noobs* se faire prendre la main dans le sac (je n'ai toujours pas compris pourquoi ils faisaient ça: est-ce pour expurger ACCèS ReFuSé qu'ils ridiculisent les plus faibles, ou pour protéger les sites visés?). Ce soir, je n'ai rien trouvé dans les archives pour me venir en aide.

Après dix minutes à fixer l'écran en espérant que le code s'écrive par lui-même, je suis allée *facebooker*, puis glander un peu sur Reddit. Normalement, je devrais culpabiliser, mais sérieux, ça ne changerait pas grand-chose, à part me sentir coupable. Je ne suis pas plus avancée qu'il y a une heure.

Hors de question de jouer à *La Ligue des mercenaires* en ce moment et dans ces conditions. Ce qu'il me faut, ce sont des zeds à abattre, point. Résolue (résignée plutôt), j'enregistre mon travail, je ferme la fenêtre et double-clique sur l'icône de *Z-héros*.

À peine quelques secondes plus tard, je suis immergée dans ce monde apocalyptique où une souche virale résistante à tout ce que la science a pu lui balancer au visage a décimé la population.

Parenthèse : je ne comprends pas les gens qui n'aiment pas les histoires de morts-vivants. Je veux dire, sérieusement ? Tout est là ! Du suspense, de l'intrigue, du drame, des revirements plus ou moins inattendus, un ami devient un ennemi et tente d'assassiner le héros pour une conserve avariée, de la visite-surprise vient cogner à la porte en plein milieu de la nuit (est-ce vivant ? est-ce mort ? probablement un peu des deux !). Ces gens ne sont que des rabat-joie qui ne savent pas apprécier les bonnes histoires.

Les morts ne reviendront peut-être jamais à la vie – bien sûr, on est d'accord là-dessus –, mais si l'on se fie à la vitesse à laquelle les cas de rougeole se multiplient (et on parle ici d'une maladie pour laquelle nous avons un remède préventif efficace !), je suis prête à parier que l'humanité sera peut-être bel et bien décimée par une horde d'êtres inconscients et ignorants dans un avenir plus ou moins rapproché. Ils n'ont besoin que de leur arrogance pour se transformer en vecteurs de maladies et pour contaminer des écoles, des bateaux de croisière ou des salles de cinéma au grand complet.

Urgh ! Stupides gens stupides.

Dans ce jeu, je ne crains pas la mort, car mon avatar peut réapparaître à l'infini. Le hic, c'est que celui-ci perd l'équipement qu'il transporte lorsqu'il est tué. Voilà pourquoi Sam et moi avons un certain nombre de caches dispersées un peu partout sur le territoire. Quelques-unes d'entre elles seront découvertes par d'autres joueurs, mais c'est un risque que l'on est prêts à courir pour ne pas avoir à tout reprendre à zéro chaque fois qu'on se fait buter.

Stargrrrl version apocalypse zombie apparaît à l'écran. Elle porte une paire de jeans qui doit empester la sueur et la mort, une camisole grisâtre, une chemise carreautée rouge et noire (pour qu'on voie moins les taches de sang) et un manteau de cuir noir qu'elle a piqué à un avatar qui s'intéressait un peu trop à elle. Dans ses mains, elle tient un bâton de baseball clouté, une arme plutôt élémentaire, mais facile à confectionner. Elle porte aussi un sac à bandoulière dans lequel se trouvent un couteau de boucher, quelques pansements, une canette de boisson gazeuse (pour le sucre, qui lui donnera un *boost* d'énergie), ainsi qu'un briquet et deux cocktails Molotov qu'elle a fabriqués elle-même. La nécessité est mère de l'invention, à ce qu'il paraît, et ce monde exige que l'on se débrouille par soi-même les trois quarts du temps.

Bref, Stargrrrl n'a pas grand-chose pour se défendre.

Premier point à l'ordre du jour : faire les poubelles, fouiller les maisons, examiner les cadavres afin de récupérer des vivres, idéalement une arme et des munitions.

Le secteur où mon avatar est apparu, une petite ville de campagne comme il y en a des milliers en Amérique, est infesté de zeds, des centaines de zeds (duh !). Ils errent dans les rues, les terrains vacants et les commerces aux vitrines défoncées, à la recherche d'une proie ; mais comme il n'y a plus rien ici de vivant, les zeds sont désorganisés, perdus, affamés. Ils tournent en rond.

Par chance, ces habitations abandonnées offrent un abri à Stargrrrl afin qu'elle se déplace sans se faire repérer. Suffit d'être alerte et de ne pas faire d'erreurs d'inattention.

Après quinze minutes, j'ai des vivres en quantité suffisante et assez de pansements pour soigner tout un régiment de Stargrrrl, ainsi que du matériel pour me fabriquer une douzaine de surins, de petits couteaux généralement bons pour poignarder un ou deux zeds avant qu'ils ne se brisent dans les mains de mon avatar.

Ça me prend près d'une heure – une heure, bordel ! – avant de tomber sur une arme à feu, un pistolet mitrailleur Thompson m1921 doté d'un chargeur camembert de cent coups. Pareil que dans les films de gangsters ! Pas ce qu'il y a de mieux, mais je n'ai pas l'embarras du choix.

Les jeux vidéo nous apprennent la patience et la débrouillardise ; ceux qui ne sont pas d'accord se sont arrêtés à *Sonic* ou ne se sont jamais donné la peine d'essayer un bac à sable comme la *Ligue*, où les possibilités sont pratiquement infinies.

À ce stade, tout ce que je veux, c'est une horde de zeds à abattre. Ça tombe bien : celle-ci attend patiemment que je la sorte de sa torpeur.

J'échafaude rapidement un plan dans ma tête : vaincre un zed solitaire, ce n'est rien de trop compliqué ; réduire une horde de cent ou de deux cents zeds à un tas de cadavres inertes, c'est un peu plus complexe. Le truc, c'est de ne jamais se faire encercler. Dit comme ça, ça peut paraître simpliste, mais c'est vraiment le secret. Ça implique aussi beaucoup de course.

Anyway, Stargrrrl est prête et moi aussi.

Se dissimulant derrière des haies, des voitures et quelques clôtures, Stargrrrl avance. Occasionnellement, elle fait distraction en lançant une canette ou une roche au loin. Le bruit attire à l'écart la demi-douzaine de zeds devant elle, ce qui lui permet de passer inaperçue. Si elle a le malheur de se déclarer à un moment inopportun, elle devra se mesurer à une centaine de zeds *en même temps*. Bon, je sais qu'ultimement, c'est ça le plan, mais l'emplacement de l'affrontement est primordial.

Stargrrrl traverse la rue, parcourt une centaine de mètres, se remet à couvert.

Bingo !

Au prochain coin de rue se trouve une petite station d'essence. Les stocks ont été vidés il y a de cela des lunes, mais on s'en fout : de toute façon, ce qui m'intéresse, ce n'est pas tant l'essence (même si c'est toujours pratique) que le gros réservoir de gaz propane.

Stargrrrl sort de sa cachette et crie.

— Hé ! Par ici, bande de dégénérés !

L'effet est instantané : les zeds claudiquant dans la rue se tournent vers mon avatar. Leurs râles changent de tonalité. Une proie est là, devant eux, prête à se faire dévorer. Leurs pas saccadés se font plus rapides ; leurs graillements, plus intenses. La faim les rend plus agressifs.

Les zeds n'ont pas de langage à proprement parler ; en tout cas, aucune étude ne semble avoir été publiée sur la question (j'ai fait des recherches). En fait, je doute que leur quotient intellectuel dépasse dix, même en groupe. Mais cette rumeur qui se propage en vagues, qui se multiplie donc, est pareille à une invitation à dîner. Ils sont comme des mouettes qui viennent de tomber sur une cargaison de frites bien grasses et qui ameutent leurs congénères pour partager le festin…

Un frisson me parcourt l'échine à l'idée de tous ces cadavres ambulants qui convergent vers Stargrrrl.

Mon avatar avance au milieu de la rue. Le zed le plus près tend les bras pour l'attraper, mais Stargrrrl lui flanque un bon coup de batte sur la tempe. Le crâne du zed éclate tel un melon trop mûr.

Des douzaines de zeds supplémentaires apparaissent au bout de la rue, leurs râlements appellent d'autres zeds, qui appelleront d'autres zeds, qui appelleront d'autres zeds, et ainsi de suite, jusqu'à ce que Stargrrrl ait été assimilée à la horde... ou entièrement digérée par celle-ci.

Pendant une seconde, l'envie me prend de vider le seul et unique chargeur de munitions que j'ai sur les quelques dizaines de monstres. Je me retiens.

Sois patiente et tu seras récompensée.

Stargrrrl plaque un zed arrivant par-derrière. Elle court pour maintenir une certaine distance de sécurité entre les zeds et elle. Je la force à revenir sur ses pas, à plonger au cœur de cette horde naissante, qui n'est pas encore assez dense. Quelques coups de bâton de baseball repoussent les mâchoires menaçantes, permettant à Stargrrrl de s'en sortir saine et sauve.

Mon petit jeu a assez duré : il est grand temps de passer à l'action.

J'éloigne mon avatar de la horde à toute vitesse et le positionne derrière une voiture. Stargrrrl empoigne son pistolet mitrailleur. Elle attend. Devant mon clavier, je fais de même. J'attends. Une seconde… une autre… encore une… MAINTENANT ! Je clique sur ma souris et Stargrrrl tire une rafale sur le réservoir de propane alors que le peloton de tête de la horde passe à proximité de celui-ci. L'explosion est foudroyante, beaucoup plus intense que ce à quoi je m'attendais !

Stargrrrl et la voiture sont soufflées par la déflagration. L'image à l'écran tournoie rapidement, jusqu'à ce que mon avatar frappe la façade d'une maison. Stargrrrl a perdu la presque totalité de ses points de vie. Elle se relève péniblement, assommée, terriblement affaiblie…

Merde ! Quel mauvais calcul de ma part !

Pendant quelques secondes dégueulasses, il pleut des membres déchiquetés et des lambeaux de chair de zeds. Un râle se fait entendre sur ma droite ; un demi-zed rampe vers moi.

Celui-ci n'a peut-être plus qu'un seul bras, mais il a encore toute sa volonté. Un coup de surin abrège ses souffrances et me donne du temps pour soigner mon avatar. J'applique un pansement, mes points de vie augmentent.

J'en profite pour examiner la situation.

Elle n'est pas très bonne.

Les quelques dizaines de zeds ayant été tués par l'explosion ont été remplacés par autant, sinon plus de congénères en soif de chair et de cerveau. S'ils étaient presque en dormance tantôt, les zeds sont maintenant déchaînés.

Stargrrrl a besoin d'un *boost* d'énergie, de *med kits* et de temps pour se soigner, mais ce sont des luxes que je ne peux me permettre en ce moment. Je dois impérativement lui trouver une cachette, sinon elle ne se rendra pas bien loin.

De nouveaux zeds repèrent Stargrrrl et graillent de plus belle. Ceux ayant encore leurs jambes se dirigent vers elle à toute vitesse.

Frak !

Elle tente de fuir en traversant la cour de la maison dans laquelle elle a atterri à cause de l'explosion, mais ses blessures la ralentissent considérablement. De plus, le terrain est clôturé. Tout en claudiquant, elle allume un cocktail Molotov et le balance derrière elle, directement là où les zeds doivent passer. Le feu purificateur lui donne juste assez de temps pour franchir la clôture sans être dévorée. Les zeds foncent dans celle-ci, essayent d'agripper mon avatar par les interstices. Des dizaines de mains s'agitent. La clôture menace de céder : trop de zeds en veulent au cerveau de Stargrrrl. Miam, de la bonne chair cervicale bien fraîche !

Stargrrrl doit vite s'échapper avant de se faire prendre au piège. Elle tire le barbecue familial près de la porte de la cour, puis le renverse. La clôture flanche et une marée de zeds se déverse, les premiers se faisant piétiner par ceux venant derrière.

Cette fois, mon avatar se met à couvert au coin de la maison. Camouflée, protégée par la structure de l'habitation, Stargrrrl fait feu à la fois sur les zeds et sur la bonbonne de dix kilos de propane reliée au barbecue, qui explose en une boule de feu et de sang. Sans attendre une seconde de plus, elle lance son deuxième cocktail Molotov, éliminant plusieurs autres zeds.

J'ai grandement sous-estimé le nombre de zeds errant dans cette ville. Je n'ai pas le quart de la moitié des ressources nécessaires pour les terrasser. Je devrais me cacher, me rendre invisible et laisser la horde se disperser.

Bien sûr. Et par là, je veux dire : ah, et puis merde !

Je quitte la partie avant que la horde ne dévore mon avatar, sachant son destin inévitable, et pousse un long soupir. J'ouvre un tiroir de mon bureau et en sors une clé USB. Je la tourne et la retourne entre mes doigts.

Frak.

J'ai fait une promesse à Guillaume, je sais, mais je ne vois pas d'autres options. Quand il m'a prêté Peverell, il m'a fait jurer de le détruire dès que j'aurais découvert qui était responsable de la page s'en prenant à Margot. Et pour vrai, je n'ai jamais eu l'intention de lui mentir et d'utiliser son programme à nouveau, mais... je ne sais pas trop, je trouvais que c'était un gaspillage de le supprimer si rapidement. Je me suis dit que je pouvais le conserver… afin de l'étudier.

Urgh. Arrête de te chercher une excuse, Laurie. Tu as eu l'intuition que ce programme pourrait t'être utile, et c'est la seule et unique raison pour laquelle tu as caché la clé dans un tiroir plutôt que de la réduire en miettes. Dès le moment où Gabryelle t'a proposé de travailler avec elle, tu as envisagé la possibilité d'utiliser Peverell. Avoue-le.

OK. D'accord, j'avoue.

Un juron s'échappe de mes lèvres. Parce que je sais que j'ai déjà pris ma décision. Si le rétrovirus doit être parfaitement invisible, il n'y a pas dix-huit options qui s'offrent à moi.

Chapitre 7-1

Le ballon-chasseur n'est qu'un substitut de la boxe. Tout le monde sait ça.

Parce qu'il serait mal vu que la direction d'une l'école laisse deux élèves monter sur un ring pour se taper dessus jusqu'à ce que l'un d'eux tombe dans les pommes, alors on accepte la présence de cette forme (*soft*) d'art martial dans le cadre scolaire. Soyons honnêtes : le seul but du ballon-chasseur – ce sport à peu près aussi barbare que le hockey – est de permettre aux élèves d'exsuder les tensions qu'ils ont accumulées à ce stade de l'année. Mieux vaut lancer un ballon en caoutchouc à la tête d'un camarade de classe que de lui jeter son cartable au visage parce qu'il respire trop fort pendant un examen de maths qui compte pour 30 % de la note finale.

Il y a dans ce raisonnement une logique irréprochable : de deux maux, il faut choisir le moindre.

De plus, se défouler en équipe contre un groupe d'élèves ennemis – élèves qui n'hésiteront pas un seul instant à nous éliminer d'un bon lancer dans le dos ou, pire, en plein visage – est un puissant ciment social. C'est l'idéal pour développer de nouveaux liens ou pour renforcer ceux qui existaient déjà.

L'encadrement de la violence par quelques règles simples et par la présence d'un arbitre (qui, d'après moi, savoure un peu trop l'affrontement en cours) a le tour de rendre celle-ci acceptable aux yeux de nos parents.

Félix lance, non, propulse le ballon dans ma direction. Sale traître. Une masse sphérique rouge se dirige vers moi à toute vitesse. Un saut de côté me permet d'éviter de justesse la bombe. Le ballon rebondit derrière moi et est récupéré par William, qui le relance aussitôt. Cette fois, il n'y a rien à faire : le ballon me frappe l'épaule de plein fouet et file hors du terrain. Impossible pour quiconque de le rattraper. Je suis éliminée.

Sarah-Jade félicite son chum en applaudissant et en criant « Wouhou ! Tu l'as eue ! Bon travail, bébé ! » d'une voix suraiguë. William profite de ce moment d'attention pour se passer une main dans les cheveux. Et une autre fois. Et des deux mains. À voir William se brosser la crinière, on le croirait devant une caméra en train de tourner une publicité pour L'Oréal. Ne manque que le ralenti.

En me dirigeant vers la zone des prisonniers, je croise le regard de Zach.

— Ça va ? me demande-t-il silencieusement.

Un petit (et ô si subtil) signe de la tête l'informe qu'il y a eu plus de peur que de mal. Ça a claqué fort, mais ça ne laissera pas de trace.

Je trouve ça *cute* que Zach s'inquiète pour moi. Il n'a pas vraiment eu l'occasion de me viser au cours de la partie. Une chance, parce que s'il avait eu à hésiter ne serait-ce qu'un seul instant, ça aurait créé un malaise qu'aurait tout de suite relevé Sarah-Jade. Après tout, Zach et moi, on est censés se détester. Je suis certaine que mon ennemie jurée n'attend rien de plus que de découvrir un secret bien juteux à mon propos afin de me manipuler ou, pire, de m'humilier à mort.

Mieux vaut user de précautions en sa présence.

Voilà pourquoi je ne me suis pas gênée pour le bombarder. Le hic, c'est que mes tirs manquaient de puissance pour le faire tomber. Ce n'est rien d'intentionnel, j'ai juste pas assez de force dans les bras.

D'un rapide coup d'œil aux alentours, je m'assure que personne n'a noté le petit échange de regards entre Zach et moi.

En réalité, je préfère me retrouver dans la zone des prisonniers. C'est plus sûr. Au pire, un ballon perdu qui arriverait jusqu'ici n'aurait plus assez d'énergie cinétique pour faire de réels dégâts. À moins d'avoir deux pieds gauches, de marcher sur un ballon en cherchant à le récupérer, de se tordre la cheville et d'aller embrasser le mur de briques et de s'y casser les palettes, les risques de blessures sérieuses sont minimes, infimes, statistiquement insignifiants !

Vidéo virale après vidéo virale, internet nous rappelle que personne n'est à l'abri d'un échec de sauvegarde critique. Pas un échec de sauvegarde d'un fichier, mais plutôt un échec de ton destin personnel, genre, rouler un 1 sur un dé 20, et voir la vie s'en prendre à toi et te botter le cul sans bonne raison. Ce genre d'échec.

Arthur et Lydia se font rapidement (et brutalement) éliminer par Zach, Félix et William, qui ont adroitement coordonné leur attaque. Un énergique coup de sifflet de monsieur Michel, je veux dire coach Michel, euh non, juste coach vient sonner la fin de notre déconfiture. Enfin !

Libérés, les premiers joueurs sont remplacés par autant d'élèves qui attendaient leur tour.

D'un *low five*, je souhaite bonne chance à Elliot. Je trouve juste dommage qu'il ne puisse pas nous venger, car William, Zach et Sarah-Jade ont quitté le terrain eux aussi. Le hasard de la distribution des dossards (puants, je précise) a fait que Noémie s'est retrouvée dans la même équipe qu'Elliot.

Je m'assois entre Charlotte et Margot et nous observons distraitement le match.

— Je déteste le ballon-chasseur, soupire Margot.

— Arrête ! C'est pas si pire que ça, dit Charlotte.

— Pfff ! C'est parce que vous, vous êtes rapides ! Moi, je suis nulle. C'est poche, comme jeu, déprime-t-elle. Pis ça fait mal quand on reçoit un foutu ballon...

Tout en parlant, Margot se frotte une cuisse encore rougie par l'impact du caoutchouc sur sa chair.

J'avoue que ma vitesse a été un sacré avantage aujourd'hui. Elle m'a sauvé la vie plus d'une fois.

Sur le terrain, les échanges sont plutôt prévisibles : les filles un peu plus lentes se font rapidement éliminer par des tirs provenant de gars manifestement sans pitié. C'est presque une libération pour elles de se retrouver dans la zone des prisonniers aussi tôt dans le match.

Vincent est en feu. Il attrape un rebond au vol et invoque l'esprit de Sangoku. Le tir qu'il décoche atteint Elliot exactement là où ça fait mal. Toute la classe lâche un OUFFFFF de douleur empathique. Pour vrai, en voyant l'impact, on souffre tous un peu avec Elliot – surtout les gars. Même Sarah-Jade, qui n'a qu'un bloc de glace sèche à la place du cœur, a grimacé un peu. (Ce que je crois vraiment, c'est que Sarah-Jade a croisé le chemin de Mola Ram et que ce dernier a voulu lui arracher le cœur en l'honneur de la déesse Kali, mais qu'il n'a rien trouvé entre ses côtes. Ça me semble plus crédible comme théorie qu'un bloc de glace sèche.)

Margot dirait sûrement que cette grimace, ce minuscule signe d'empathie, démontre qu'il y a une trace d'humanité chez Sarah-Jade. Je vais réserver mon jugement pour le moment. Les preuves sont insuffisantes.

Monsieur Michel – décidément, je ne m'habituerai jamais ! – a sifflé une pause pour permettre à Elliot de se remettre de ses émotions. Celui-ci se relève péniblement et marche en pingouin vers nous pour prendre une gorgée d'eau à la bouteille que lui offre Margot. Quelques personnes rigolent du malheur de notre ami. Une plus que les autres. Inutile de préciser ses initiales.

— Saute sur les talons, conseille Margot à Elliot. Il faut que tu sautes sur les talons.

— Je t'ai déjà dit que ça sert à rien, sauter sur les talons ! C'est comme boire un verre d'eau la tête à l'envers quand on a le hoquet. Ça sert juste à humilier le tata qui le fait.

Rassurée de voir que son chum va survivre à ce dur coup de la vie, Charlotte lui lance un avertissement à la blague :

— Fais un peu attention, Elliot. C'est peut-être notre avenir que tu es en train de jouer.

Déjà amoché, Elliot s'étouffe avec sa salive.

— Content de voir que mon malheur vous divertit toutes, nous lance-t-il, pas trop fâché. J'espère juste que personne a filmé ça.

— Moi, je l'ai ! lance fièrement Lydia en nous montrant son cell.

Elle tapote sur son écran et montre la séquence à sa voisine. Cette fois-ci, les deux filles s'esclaffent. En les entendant se bidonner, d'autres élèves se lèvent pour revoir la scène – on distingue clairement le ballon percuter les testicules d'Elliot. J'imagine que Lydia va rapidement partager la vidéo sur Facebook. Pauvre Elliot ! Lui qui a toujours voulu apparaître dans une compilation de FailArmy, son souhait va enfin être exaucé !

— Sérieux, es-tu correct ?

— *Numero uno !* Vous avez pas des conseils pour moi, histoire que je me rende jusqu'à la prochaine période ? nous demande-t-il en secouant vigoureusement la jambe droite comme s'il cherchait à faire tomber un écureuil de ses shorts.

— Sois plus rapide ! lui dit Charlotte, tandis que Margot pousse un long bâillement chewbacquien.

— Génial. Je n'y avais pas pensé, nous dit-il.

— Tu nous le diras quand tu auras terminé ta discussion avec tes amies, Elliot, lance notre prof sur un ton incisif.

Les joueurs reprennent leur position sur le terrain. Le massacre peut recommencer.

Assise sur le banc de bois qui a été poli par des milliers de paires de fesses d'élèves, Margot est silencieuse, le regard un peu perdu. Charlotte, elle, observe les adversaires de son chum s'acharner sur lui.

Elliot est grand, sa blessure à l'entrejambe l'a ralenti. Il devrait constituer une cible facile, mais il résiste et parvient tant bien que mal à éviter les tirs ennemis. Et lorsqu'il attrape le ballon, ses tirs font mouche. De mort-vivant, il devient le héros de la partie. L'incarnation même de la maxime qui affirme que ce qui ne nous tue pas nous renforce. C'est plutôt cliché, mais c'est néanmoins beau à voir.

Pendant la spectaculaire remontée d'Elliot, mon esprit s'égare. Je pense à tout ce qui m'attend dans les prochains jours. Pas mes devoirs. Bon, oui, mes devoirs. Ceux-là, je vais m'en occuper rapidement. Non. Je pensais plutôt au rétrovirus que je dois coder avec Gabryelle.

Je ne suis toujours pas certaine que nous ayons choisi la meilleure stratégie (infecter les serveurs de KPS à l'aide de la clé USB que Maxime Peterson a reçue du Spectre). C'est une opération hautement risquée et illégale. J'espère encore trouver une solution de rechange avant le jour J, celui où il nous faudra injecter le virus dans l'ordinateur d'Hubert, l'ancien collègue de Maxime, afin qu'il remonte jusqu'aux serveurs du studio. Convertir le virus du Spectre pour en faire notre allié est un défi de taille : je dois m'assurer qu'en plus des données volées à KPS (juste à y penser, ça me fait mal au cœur), le virus transmettra une copie de lui-même en version 2.0 pour infecter les appareils de notre ennemi, copie qui devrait nous renvoyer de l'information à propos des serveurs du Spectre, tout ça sans être détecté ni par KPS ni par le Spectre.

Ouf.

Je suis étourdie rien qu'à y penser.

Si ça marche, Gabryelle croit que nous serons en mesure de prouver que le grand patron de Kronos, Damien Wolfe, a engagé le Spectre pour espionner ses concurrents, saboter leurs opérations ou carrément leur dérober leurs inventions. Ce n'est pas une mince affaire quand on sait que Kronos œuvre, entre autres, dans la sécurité informatique et que le Spectre est l'un des groupes de hackers les plus talentueux au monde. Jusqu'à il y a quelques semaines, je croyais moi-même que le Spectre n'était rien de plus qu'un mythe. Si je n'avais pas eu affaire à eux en personne – *virtuellement* en personne, je veux dire – lors de la finale du Championnat de *La Ligue des mercenaires* à Séoul, je croirais encore à une légende urbaine, une histoire à faire peur aux *noobs*. Considérant les moyens que le Spectre a à sa disposition pour s'attaquer à KPS, nous devons être extra-prudentes. Ses hackers ne sont sûrement pas des enfants de chœur. Le Spectre est peut-être une filiale de la *Dark Army*. Ou la *Dark Army*, c'est carrément le Spectre ! Ou, s'il apprend que nous avons tenté de l'infiltrer, c'est le Spectre qui fera appel à une *Dark Army* pour s'occuper de notre cas, à Gabryelle et à moi.

Urgh !

Relaxe, Laurie. Respire. Il n'y a rien à craindre… Enfin, pas encore. Ha ! Façon optimiste de voir les choses. Très optimiste, même. C'est moi tout craché, ça, madame Optimisme.

Je n'ai pas droit à l'erreur. Être repérée par le Spectre aurait des conséquences catastrophiques. Depuis que Gabryelle m'a recrutée, j'ai eu quelques sueurs froides (quelques cauchemars aussi), mais, comme dirais papa : je me gère.

J'avoue que si, en plus, je n'avais pas Sarah-Jade sur le dos, ma vie serait un peu moins stressante. Depuis qu'elle m'a avoué qu'elle savait que Margot et moi avions détruit le dossier qui la tenait en laisse, Sarah-Jade me regarde avec des couteaux dans les yeux. Je sais qu'elle attend seulement que j'aie le dos tourné pour s'en prendre à moi ou à mes amis. Je pense pouvoir affirmer que j'ai une ennemie jurée. Plutôt cool quand on y pense.

Et puis, ma vie serait tellement plus simple si je n'avais *que* Sarah-Jade sur le dos… Mais non ! Impossible d'oublier le fiasco de la Montagne !

Théoriquement, mon idée de créer une onde électromagnétique qui désactiverait les modules centauriens manipulant les NPC de la *Ligue* était géniale (rien de moins). En produisant cette surcharge au sein du réacteur nucléaire de la Montagne, Pimoro, SamDmange et moi allions sauver tous les NPC. C'était ça, le but. Et ça a marché parfaitement ! Enfin, *presque* parfaitement. Les modules ont bel et bien été désactivés… mais tous les systèmes de la Montagne ont aussi été grillés. Comment aurais-je pu prévoir une telle issue ? C'est KPS qu'il faut blâmer de ne pas avoir installé de dispositif de sécurité contre la surtension, pas moi !

C'est trop injuste.

Et je sais fort bien que si Sam ou Elliot avaient été à ma place, tout le monde aurait dit que c'était une brillante idée, et que jamais personne n'aurait pu envisager une telle réaction en chaîne. Mais noooon, il a fallu que ce stupide Layveke1922 publie son stupide article me désignant comme le stupide cerveau de l'opération (je sais bien que c'était moi, le cerveau de l'opération, mais quand même, il n'était pas obligé de le crier sur les toits !). « Encore un coup de Stargrrrl pour attirer l'attention ! » Il n'en fallait pas plus pour que mes trolls et mes *haters* se multiplient par dix. La moitié de la *Ligue* m'en veut à cause des conséquences du déclenchement de l'IEM, et l'autre moitié croit que je suis une tricheuse qui a tenté de manipuler les paris sportifs en Corée du Sud. Kostas n'aurait pu rêver d'une meilleure vengeance...

La cloche annonçant la fin du cours sonne et me tire de mes réflexions semi-existentielles. Chaque élève remet son dossard imbibé de sueur dans la caisse de plastique où ceux-ci marineront. Le prochain groupe ajoutera la sienne, et ainsi de suite jusqu'à ce qu'un employé de l'école ait pitié de nous et lance ces dossards dégueux dans la laveuse.

Tandis que le groupe se dirige vers le vestiaire, Zach traîne un peu en arrière. Il ramasse un ballon, drible avec, le rapporte vers la poubelle à ballons, va en ramasser un autre avec empressement (#*not*). D'un signe de tête, il indique à Félix qu'il peut débarrasser le plancher, que c'est lui aujourd'hui qui va s'occuper de ranger le matériel. D'un haussement d'épaules, Félix obtempère.

— Tu viens ? me demande Margot en s'étirant.

— Vas-y, je vous rattrape.

Je dis ça en mettant un genou à terre, comme si je m'apprêtais à lacer mon soulier. Ce qui, à la toute fin du cours, n'est pas louche du tout. J'aurais probablement pu me trouver une meilleure excuse, comme perdre un verre de contact (ce que je n'ai pas) ou une boucle d'oreille (ce qui est interdit dans le cours d'éduc). Ouais, bon, à bien y penser, un lacet détaché, ça reste un excellent prétexte. C'est simple, c'est plausible, c'est le genre d'alibi qu'on ne remet pas en question.

La porte du gym se referme derrière Margot et je rejoins Zach dans la petite salle de rangement où se trouve tout le matériel des cours d'éduc. Ça sent le plastique et la poussière (et la sueur aussi). Zach est au fond du local, en train de ranger la poubelle contenant la demi-douzaine de ballons en lui assénant un bon coup de pied.

Mon pouls s'accélère un peu. Je ne comprends pas l'attirance que j'éprouve envers ce garçon. « C'est hautement illogique », dirait Spock.

Je lui lance mon dossard à la tête. Il se tourne vers moi.

— Ça a pas trop claqué ? me demande-t-il en laissant tomber le dossard au sol.

— Hein ? Non, non, c'était rien, que je lui réponds en le rejoignant. Sur l'épaule, ça fait sûrement moins mal que dans les testicules.

— En effet, répond-il.

Je m'arrête à un pas de lui. Il n'y a qu'un bras de distance qui nous sépare. Un peu moins.

— Si William avait pas été dans mon équipe, je l'aurais éliminé pour te venger.

Zach me caresse les bras, me tire par les poignets pour que je me colle à lui. Je ne résiste pas.

— T'es *cute*.

Je passe mes mains autour de sa taille et lui donne un petit baiser avant de lui répondre :

— Mais j'ai pas besoin que tu me venges. Je suis capable de me défendre toute seule, tu sauras.

Je serre Zach contre moi et l'embrasse un peu plus vigoureusement, l'empêchant de dire quoi que ce soit. À en juger par sa réaction, il a l'air parfaitement heureux de se faire clouer le bec.

Nous n'avons que peu de temps avant que le prof ne vienne voir ce qui se passe ou, pire, qu'un de nos amis respectifs remarque notre absence dans les vestiaires. Le fait que nos échanges salivaires soient interdits les rend encore plus excitants… et passionnés.

Je sens la main droite de Zach qui passe de mon dos à l'une de mes fesses.

— Non. Arrête ! que je lui dis.

Il me regarde avec des yeux moqueurs et un sourire en coin, mais ne retire pas tout de suite sa main.

— Quoi ? Ça ? qu'il me répond en serrant les doigts.

Je le repousse fermement.

— Quoi ?

— T'es vraiment con ! que je lui lance, avant de sortir de la salle de rangement.

Chapitre 7-2

Tout de suite après l'école, je suis passée par chez moi et j'ai soupé rapidement d'un restant de rôti de palette réchauffé au micro-ondes dans son plat en plastique, ce qui m'épargne d'avoir à laver une assiette.

Ce n'est pas de la paresse, c'est de la productivité accrue ! #*LifeHack*

Mon père déteste quand je fais ça. Pas utiliser un *hashtag* en parlant (quoique, oui), mais chauffer un contenant de plastique au micro-ondes, à cause des particules qui pourraient se retrouver dans mon repas. Eh bien, il n'a que lui à blâmer ! C'est lui le paresseux en chef dans cette maison. Moi, je n'ai fait que suivre son exemple. Na !

Ça le frustre que je lui attribue l'origine de mes comportements délinquants, parce qu'il considère cela comme un échec parental. Bon, j'exagère un peu (mais pas tant que ça). Pour vrai, j'ai parfois l'impression qu'il essaie de mettre les bouchées doubles, de me donner une meilleure conscience qu'il n'en a eu lui-même, afin que je ne fasse pas simplement attention, mais que je sois proactive dans toutes les sphères de ma vie. C'est l'histoire de la génération de nos parents qui se rend compte que l'utopie promise avec l'avènement de l'an 2000, un monde alimenté aux énergies propres où famine, pauvreté, exploitation et pollution seraient chose du passé, où chaque citoyen de la planète pourrait enfin jouir de droits universels et d'une voiture volante, ne s'est pas produite, que la situation est encore plus dramatique qu'on ne pouvait l'imaginer.

Entre deux bouchées, j'en ai profité pour gribouiller une note afin d'informer mon père de l'absence de sa fille unique et adorée, et de l'heure prévue de son retour, plus que raisonnable en ce jour de semaine. Combattre un groupe de hackers criminels ne me dispense pas des rares règles élémentaires de vie imposées par mon père. Je n'ai pas envie qu'il s'inquiète et qu'il se mette à surveiller mes moindres faits et gestes. Ce serait contre-productif, *mission wise*.

L'appartement de Gabryelle empeste les mets chinois de mauvaise qualité injectés de glutamate monosodique. Difficile de me concentrer et de coder efficacement quand, du coin de l'œil, je la vois s'empiffrer. Mon corps ne sait plus où donner de la tête. Dois-je avoir la nausée ou saliver ?

Crash est assis sur le sofa, qui fait office de salon. Il a déposé une tablette électronique sur la table basse devant lui et regarde un dessin animé tout en mangeant. Gabryelle est venue s'asseoir à côté de moi. De ses baguettes, elle pige en alternance dans une boîte de carton contenant du poulet frit baignant dans une sauce rouge atomique, une boîte de riz dont elle a donné la moitié du contenu à son frère adoptif et une autre de nouilles sautées aux légumes recouvertes de sauce soya.

— T'en veux ? dit-elle, la bouche pleine de nouilles, en me voyant la zyeuter.

Je n'ai pas vraiment faim, mais à l'idée d'engouffrer cette nourriture trop grasse, trop salée et trop sucrée, mes glandes salivent de bonheur.

Argh ! Je suis incapable de résister plus longtemps, j'abdique.

— Vous allez pas en manquer ?

Ça la fait rire.

La vérité est que Gabryelle a commandé de la nourriture pour les fins et les fous. Avant même que je lui demande comment elle a fait pour régler la note, elle me dit qu'elle a payé avec un numéro de carte de crédit qu'elle a acheté sur le net. Cette révélation ne m'étonne pas vraiment. Elle doit avoir une douzaine de numéros de cartes volées sous la main. Gabryelle et Logan doivent ruser pour survivre hors du système. Je sais bien que ce qu'ils font, c'est *full* illégal, mais je me dis aussi que sur l'échelle de la moralité, ce crime est bien mineur comparé à ceux commis par Damien Wolfe et le Spectre.

Gabryelle me donne sa paire de baguettes et en trouve une vieille traînant sous le moniteur. J'attrape la boîte de poulet.

— Humph !

— C'est bon, hein ?

Je ne suis pas certaine que « bon » est le mot juste. Sam, lui, n'utiliserait pas le mot « bon ». Disons que c'est une véritable explosion de saveurs. Encouragé par cette première bouchée, mon cerveau en réclame davantage. Je m'empresse de répondre à son souhait.

— Alors, t'en es où ?

Elle parle évidemment du rétrovirus.

— C'est plus complexe à programmer que je ne l'avais imaginé. Genre gogolplex plus.

— Donc, c'est faisable, ricane-t-elle.

— J'ai jamais dit que c'était pas faisable : juste infiniment plus complexe. Si on tentait une bonne vieille attaque en DDoS, j'aurais fait ça les yeux fermés, une main dans le DDoS.

— Oh ! On fait de l'humour... Mais bon, on n'est pas en train de planifier un bon vieux DDoS, hein ?

L'attaque par déni de service (DDoS pour faire court, parce que, sérieux, qui a le temps de dire « attaque par déni de service » ?) est l'une des plus courantes. Les hackers qui s'en servent n'ont généralement pas d'autre but que de nuire en faisant tomber un site web en générant un trafic trop élevé. Ce n'est pas particulièrement raffiné, mais ça défoule. C'est à peu près l'équivalent de faire une jambette. Pour ce genre d'opération, pas besoin d'être subtile. Bogsu, le botnet que j'avais programmé pour qu'il s'en prenne au site de Joaquín Vasquez, avait contaminé autant de machines intelligentes que possible sur son passage, des machines faisant partie de l'internet des objets et que les fabricants n'avaient pas pensé à doter de systèmes de défense. Quand on y pense un moment, c'est si imprudent de leur part ! Faut être vraiment con (et paresseux) pour laisser « admin » comme nom d'usager et mot de passe ! Et malgré toutes les attaques dont ces machines sont involontairement complices, les ingénieurs qui les manufacturent en série n'ont toujours pas corrigé la situation.

Si on me demande mon avis, c'est à la limite criminel. Leur design fautif met en danger la sécurité des citoyens. Je sais de quoi je parle.

Bref, pour produire une attaque en DDoS, il faut générer du trafic. Comme l'union fait la force, tout ce trafic vient cogner en même temps à la porte d'une adresse IP. Débordé par l'achalandage monstre, le serveur tombe. C'est à peu près l'équivalent d'une horde de zeds qui traverse un magasin de porcelaine : il n'y a rien de discret là-dedans.

Gabryelle a mis en place cette opération ; elle a vu à tout. Elle se débrouille pas mal en programmation, mais la vraie spécialiste, c'est moi. C'est pour ça qu'elle m'a recrutée. La conception du rétrovirus retombe donc entièrement sur mes épaules.

— Qu'est-ce qui accroche d'après toi ? me demande-t-elle.

Je dépose la boîte de poulet, j'essuie la sauce qui m'a coulé sur le menton et je me lèche les doigts avant de me tourner vers l'ordinateur pour lui montrer où j'en suis.

— Côté infection, tout a l'air OK, que je commence, plutôt fière de moi. Aucun programme antiviral ne réussit à le détecter. À moins que le Spectre se doute que quelqu'un va leur renvoyer leur virus dans les dents, qu'il regarde exactement au bon endroit et au bon moment, je veux dire, c'est pratiquement impossible de déceler l'installation. C'est plus le retour de paquets qui me pose problème...

J'interromps mon explication, car Gabryelle fixe l'écran depuis un moment, examinant les lignes affichées. Puis elle se tourne vers moi, l'air grave, sans rien dire.

Merde. Il y a une erreur ? C'est sûrement ça. Elle a trouvé une erreur dans mon code. C'est moi la pro, j'ai laissé passer une erreur et, elle, elle l'a vue en moins de deux ! Frak !

— Je veux dire, je peux passer encore d'autres tests, que je bafouille en me redressant. Pour être certaine que c'est indétectable.

— On n'a pas le droit à l'erreur.

— Je sais.

— Si le Spectre croit un seul instant que quelqu'un l'a infecté...

— Je sais !

Nous n'avons qu'une seule chance d'infiltrer et KPS et le Spectre et Kronos. Si on rate notre coup… Disons simplement que je n'ai pas envie de savoir à quoi ressemblera leur riposte.

D'un signe de tête, Gabryelle me fait comprendre qu'elle me fait confiance. Cet encouragement, c'est comme si la générale Leia Organa laissait le destin de la Rébellion entre mes mains et ma capacité à trouver la faille dans les plans de l'Empire. Gabryelle croit en moi et c'est tout ce dont j'ai besoin pour retrouver espoir. Je ne connais peut-être pas encore la solution, mais je sais que je vais la trouver.

Mon code sera parfait. Ce sera un virus qui passera à l'Histoire ! Façon de parler. Personne ne doit jamais savoir qu'il existe et encore moins que c'est moi qui l'ai codé.

Toute la sévérité de Gabryelle disparaît subitement de son visage. Elle m'offre un grand sourire. Son regard me touche.

Sans pouvoir m'en empêcher, je me mets à rougir. Gênée, je retiens un petit rire, mais ça ressemble plus à un grognement de cochon. Gabryelle s'esclaffe.

— Eille ! que je me défends en riant moi aussi.

Je ne sais même pas pourquoi je ris, mais dès que je vois Gabryelle me fixer avec de grands yeux, un fou rire incontrôlable me gagne. Les couinements porcins se multiplient sans que je puisse y faire quoi que ce soit. Gabryelle en pleure de rire. Elle tente d'essuyer les larmes qui coulent de ses yeux, mais réussit surtout à étendre la mince couche de mascara qui couvre ses cils un peu partout sur son visage. Ça ne fait qu'empirer la situation.

— Arrête ! J'ai mal aux joues ! lance-t-elle, pliée en deux.

Toujours en train de regarder son épisode dans le salon, Crash ne se rend compte de rien.

Ce n'est qu'en faisant dos à Gabryelle et en me concentrant sur ma respiration que je réussis (enfin) à réprimer ce fou rire.

Gabryelle et moi discutons des différentes pistes de solution qui s'offrent à nous, puis je retourne à mon écran, la tête bourrée des idées suggérées par mon amie. Mes écouteurs sur les oreilles, je pianote sur le clavier. Sans interruption, j'enfile des lignes et des lignes de commande. Le clavier n'est plus un intermédiaire entre l'ordinateur et moi : il est une extension de mes mains. La programmation devient une seconde nature. Je suis dans ma zone, dans la Zone. Mon cerveau n'a pas à convertir ma pensée rudimentaire, il parvient à transcrire directement ce que je souhaite. C'est si facile qu'on pourrait y voir quelque chose de surnaturel.

Je suis presque en transe… J'en oublie jusqu'à l'appartement où je me trouve et l'odeur des mets chinois. Parfois, je sens Gabryelle qui se rapproche un peu de moi afin d'examiner les lignes qui s'affichent sur le moniteur. Puis sa présence s'estompe pour ne devenir qu'une ombre.

Être dans la Zone ne m'épargnera pas les heures et les heures de vérification qui m'attendent afin de m'assurer que j'ai effectivement été touchée par la grâce. Reste que je suis heureuse que cette soirée soit aussi productive.

Soudain, je sens Gabryelle qui pose ses mains sur mes épaules. J'émerge de ma bulle. Je cligne des yeux plusieurs fois, car ils sont secs d'avoir fixé aussi intensément le moniteur. La pression de ses doigts me fait réaliser que j'ai les muscles tendus. Elle ne dit rien. Ses doigts sont chauds. Sans appuyer trop fort, elle me pétrit les trapèzes et remonte lentement jusqu'à ma nuque. Ça me fait énormément de bien. Je prends une grande inspiration et ferme les yeux, laissant Gabryelle me masser le cou.

C'est le premier moment depuis je ne sais plus quand où je me permets de relaxer. Ma vie roule à cent à l'heure, mais pour l'instant, je ne pense plus à rien. Je me concentre sur les mains de Gabryelle qui me caressent la nuque et me jouent dans les cheveux. Un soupir de soulagement franchit mes lèvres.

— Qu'est-ce qu'on fait ? que je lui demande, les yeux toujours mi-clos.

— Tu profites de mon massage...

Je ris.

— Je veux dire quand je vais avoir terminé la programmation du rétrovirus.

Gabryelle retire ses mains un peu sèchement. Ça me tire les cheveux.

— On n'a pas le choix d'utiliser Maxime pour la livraison. Le Spectre le surveille. Ils vont s'attendre à ce que ce soit lui qui contacte Hubert. D'ailleurs, le temps commence à presser. J'ai demandé à Crash de suivre Hubert.

— Personne ne se méfie du petit gars.

— Exact ! Ça fait déjà quelques jours qu'il le suit dans ses déplacements. Ce gars-là est réglé comme une horloge. Tous les matins, il sort de chez lui à 7 h 50, s'achète un café (un lait, un sucre) et un muffin aux bleuets au dépanneur au coin de la rue, s'assoit systématiquement à la même place dans le même wagon du métro, et il finit toujours ses journées à la même heure… à plus ou moins cinq minutes.

Ce que Gabryelle me dit réellement, c'est qu'Hubert est prévisible. Les failles des systèmes informatiques, ce sont les humains, tout le monde sait ça. Et les gens prévisibles sont plus faciles à *hacker* justement parce qu'ils sont prévisibles. C'est là leur faiblesse. Trouver une faille à exploiter sera un véritable jeu d'enfant. Façon de parler.

Une courte vibration m'informe que je viens de recevoir un message sur mon téléphone. En l'allumant, je remarque l'heure tardive. Merde !

C'est mon père. Double merde !

> Ma fille unique et adorée aurait-elle oublié qu'elle a de l'école demain ?

Merde ! merde ! merde ! Le temps a filé sans que je m'en aperçoive, et l'heure raisonnable à laquelle j'avais promis de rentrer à la maison est passée depuis belle lurette.

— Faut que j'y aille ! Je suis tellement en retard !

Crash dort dur sur le divan. Pendant que je codais, Gabryelle a étendu un sac de couchage sur lui. Il ne bronche même pas lorsque j'échappe mon sac à dos près de lui parce que je tente d'enfiler mon manteau et mes bottes et de texter mon père en même temps.

Chapitre 7-3

Une rafale me force à baisser la tête et à me cacher le menton au creux de mon foulard. La neige crisse sous mes bottes, craque même, signe que l'hiver n'en a pas fini avec nous. Si le mercure était un danseur, il serait champion de limbo, car le mercure est toujours capable de descendre plus bas que ce que l'on imaginait.

Une ixième tempête de neige s'abat sur la ville.

Urgh !

À peine la neige a-t-elle touché le sol que le vent l'entraîne dans un nouveau tourbillon effréné. C'est à croire que cette tempête est maintenue en suspension à quelques centimètres au-dessus du sol par les forces diaboliques de la météo.

Les flocons sont minuscules et acérés comme de la poussière de verre. Ils me piquent les pommettes et me forcent à plisser les yeux. Ce n'est pas le froid qui est mordant, ce sont les flocons ! On jurerait qu'ils ont des crocs.

Dire que, ce matin, je voulais chausser mes Adidas. Faut avouer que mes souliers à motifs de graffiti sont vraiment jolis et qu'ils me donnent un look d'enfer. De grosses bottes Sorel, c'est officiellement ce qu'il y a de plus laid après les Crocs, mais je suis plutôt contente que papa m'ait forcée à les mettre. Bon, je ne serais pas *vraiment* sortie avec mes Adidas aujourd'hui. Je ne suis pas si conne que ça. J'aurais fait demi-tour en mettant le pied sur le balcon. Je veux dire, à part Sarah-Jade, qui est assez con pour sortir sans ses bottes par cette température ?

Oh oui ! Elle a osé. Elle voulait absolument afficher ses nouvelles chaussures, alors elle a choisi de se promener le mollet à l'air en pleine tempête. Cinq dollars qu'elle a ruiné le faux cuir de ses godasses contrefaites en marchant dans la *slush*.

Le vestibule surchauffé du centre d'entraînement m'attire comme une étable un vieux cheval. J'accélère le pas.

Je ne sais pas pourquoi j'ai accepté l'invitation d'Élise.

Quand elle m'a textée cette semaine qu'elle souhaitait tenir une séance d'entraînement supplémentaire pour notre petit groupe, je me suis d'abord dit que je n'avais pas le temps. Mais elle a insisté en disant que ce serait super cool, que ma forme en bénéficierait grandement et que je serais aussi rapide que Wonder Woman une fois le printemps revenu. J'ai accepté en me disant que ce serait cool, que ma forme en bénéficierait et tout, et tout.

Mais ce matin… pfff ! Disons que la motivation n'était pas au sommet de sa forme. Si Élise ne m'avait pas textée elle-même pour me rappeler notre rendez-vous, j'aurais *choké* solide et sans aucun remords.

Sur le chemin du vestiaire, je croise la femme qui avait voulu me refuser l'entrée à la compétition à laquelle on m'avait invitée l'automne dernier. Son regard glisse sur moi comme un piéton malchanceux sur une plaque de glace. Elle ne me reconnaît pas. Ou, si elle m'a reconnue, elle a fait un travail magistral pour n'en montrer aucun signe.

Après m'être changée en vitesse, je fourre manteau, bottes et sac dans le casier beaucoup trop petit, remplis une bouteille d'eau et me dirige sur la piste pour procéder à des échauffements et à quelques exercices de renforcement que nous a enseignés Élise. Peu à peu, ma motivation renaît. Alors que je suis en équilibre sur un pied, les yeux fermés, en train d'amorcer une série d'une demi-douzaine de demi-squats très lents – à moyen terme, tout cela doit accroître ma proprioception ; à court terme, j'ai surtout l'air d'une belle folle –, une voix m'interpelle :

— Qu'est-ce que tu fais ici ?

Frak.

Sarah-Jade. Bien sûr.

Qu'est-ce qu'elle me veut, elle ?

Il y a des jours où j'ai l'impression que l'univers joue avec mes nerfs. Serait-il possible d'avoir un moment à moi sans qu'un troll rapplique ? Et on s'entend que Sarah-Jade, c'est ma plus grande troll. Si j'avais le pouvoir de pétrifier quelqu'un, entre elle et Kostas, je choisirais Sarah-Jade sans hésiter une seule seconde.

Conserver son équilibre les paupières closes est un exercice plus ardu qu'on le croit. On amorce le mouvement le tronc bien droit, mais sans être raide comme un piquet. Lorsqu'on fléchit le genou, il faut garder notre centre de gravité bien au-dessus du pied qui repose au sol, puis étendre la jambe opposée lentement vers l'arrière tout en se penchant légèrement vers l'avant pour contrebalancer. J'agite mes bras afin de conserver mon ballant, mais une queue d'écureuil me serait plus pratique.

L'arrivée de Sarah-Jade vient bouleverser l'équilibre (précaire) sur lequel je travaillais d'arrache-pied (pou-doum poum psssht !). Ma cheville cherche à compenser cette nouvelle instabilité par une série de micro-mouvements, mais peine perdue, car je me sens tanguer de plus en plus. Je pose l'autre pied à terre et, sans même daigner me retourner vers Sarah-Jade, je lâche un profond soupir avant de lui répondre :

— Je travaille ma sensibilité pro-pri-o-cep-ti-ve, que je lui épelle presque sur un ton, je le reconnais, plutôt condescendant. En d'autres termes, mon équilibre. Je pensais que tu savais déjà ça…

— Je sais ce que c'est ! qu'elle me réplique sèchement.

— Si tu le dis.

Je me délecte de cette petite victoire sur Sarah-Jade. Ce n'est pas tous les jours que j'ai l'occasion de lui en boucher un coin aussi facilement. Mais elle n'abandonne pas de sitôt.

— Je ne sais pas pourquoi tu t'obstines à venir ici, Laurie, dit-elle assez fort pour que les autres filles en train de s'échauffer l'entendent. Tu embêtes tout le monde avec tes histoires. Je veux dire, on s'en fout de tes *selfies* avec Elliot en train de jouer à l'ordi. Si tu crois que c'est ça qui va faire augmenter ton nombre de *followers* sur Instagram ! En plus, on sait toutes que tu ne seras pas là la semaine prochaine. Ce sera quoi ton excuse, cette fois-ci ? Un tournoi de *Candy Crush* ? Tout ce que tu fais, c'est de nous priver, nous les filles qui nous nous entraînons sérieusement, d'un temps précieux avec Élise et Agathe, afin que nous nous améliorions.

En entendant les accusations de Sarah-Jade, quelques filles interrompent leur échauffement et se tournent vers nous. J'en reconnais quelques-unes qui font partie du groupe d'Agathe et avec qui Sarah-Jade s'entraîne. Elles semblent d'accord avec elle.

— Je ne vois pas pourquoi tu...

— Tu m'emmerdes ! me coupe-t-elle. Depuis que tu es arrivée à l'école que tu me casses les pieds ! Sans toi, j'aurais gravi les échelons de l'équipe depuis longtemps. J'ai des objectifs sérieux, moi, et toi, tu es dans mon chemin !

Elliot m'avait avertie que Sarah-Jade me verrait probablement comme une épine dans le pied.

— Je suis ici pour m'entraîner, Sarah-Jade. Et honnêtement, je me fous pas mal de tes plans. Allez ouste, tu m'embêtes ! que je lui rétorque, plutôt sereine, en reprenant mon exercice de saltimbanque, les yeux fermés.

Je la sens qui rage à mes côtés. Sarah-Jade carbure à l'attention, qu'elle soit bonne ou mauvaise. La seule arme efficace contre elle, c'est de l'ignorer, de faire comme si elle était le dernier de nos soucis. Retourner à mon exercice alors qu'elle cherche l'affrontement est la meilleure réplique.

— Si j'étais toi, je surveillerais mes arrières... me lance-t-elle en guise d'avertissement tout en s'éloignant.

Je prends une grande inspiration et tente de ne pas me laisser affecter par la menace à peine voilée de mon ennemie jurée. Ma camarade de classe avance au milieu des filles du club comme une femelle alpha. Elle n'a pas perdu de temps. Même si les autres filles sont toutes plus vieilles, Sarah-Jade a réussi à leur jouer dans la tête et à les mettre dans sa petite poche arrière. Elle les a bien manipulées. Facile pour moi d'identifier ses nouvelles disciples : elles la suivent des yeux comme le fait Noémie à l'école, le regard rempli à la fois d'admiration et de crainte.

Enfin, Élise arrive. Alors qu'elle nous présente, aux filles du groupe et à moi, un nouvel exercice pour renforcer nos muscles ischio-jambiers, Martin Bouchard, une des têtes dirigeantes des Faucons, m'interpelle :

— Laurianne, je peux te parler un instant ?

D'un signe de tête, Élise me fait comprendre que c'est OK. Martin se dirige vers les gradins, un peu à l'écart du groupe. Je le suis.

— Tout va bien ? me demande-t-il.

— Oui.

— Et à l'école ? Pas trop de difficulté ?

— Euh… non, non. Ça va.

— Avec tes camarades de classe, ça se passe comment ?

Ça commence à être bizarre. À voir l'expression sur son visage, je sens que, pour sa prochaine question, il va me demander d'évaluer la qualité de ma relation avec mon père sur une échelle de un à dix.

— C'est pourquoi, au juste, l'interrogatoire ?

Martin inspire et m'observe un moment, comme s'il tentait de mesurer ma réaction.

— J'ai remarqué que tu avais manqué plusieurs entraînements au cours des dernières semaines, dit-il. Et il y a une semaine en janvier où tu ne t'es même pas présentée du tout.

— Ça, c'est à cause de mon voyage en Corée, que je lui rappelle.

— Ah oui, c'est vrai ! Tu m'avais dit ça. C'était avec l'école ?

— Non... Pas vraiment. J'étais là pour un tournoi de la *Ligue. Des mercenaires*, que je complète en voyant le point d'interrogation sur son visage. C'est un jeu vidéo.

Je ne peux pas croire qu'il ignore l'existence de *La Ligue des mercenaires.* C'est tout simplement inconcevable !

Martin me regarde comme si ce que je venais de lui dire relevait de la plus grande insignifiance.

— Peu importe, fait-il en balayant ma passion de la main. Donc tu me promets que tout va bien à la maison et que tu n'es pas victime d'intimidation à l'école ? Tu sais, Laurianne, même si c'est juste sur internet ou si tu reçois des messages menaçants, on peut agir. Oui, bon, le réseau scolaire est toujours un peu lent, mais il s'est adapté au cours des dernières années. C'est vraiment mieux qu'avant, je t'assure. Il y a des ressources qui existent pour te venir en aide. Il ne faut pas avoir peur d'en faire la demande.

J'ai comme l'impression de vivre un déjà-vu. Ça ressemble drôlement à la discussion que j'ai eue avec mon père il y a quelques mois. Papa pensait qu'on m'intimidait alors que mes règles me faisaient souffrir ; Martin, lui, croit que je suis une victime simplement parce qu'il trouve que je manque d'assiduité. Il connaissait pourtant mon emploi du temps lorsqu'il m'a recrutée l'automne dernier !

Martin attend toujours une réponse.

— Non, non. Tout va bien, que je confirme.

— Tu es certaine ?

Le problème avec les adultes, c'est qu'ils ne nous croient jamais. Si j'étais vraiment victime d'intimidation, on minimiserait la situation en me disant que j'exagère. Et comme Martin semble avoir reconnu certains symptômes, il ne croira pas à mon démenti. Les adultes croient toujours en savoir plus sur nous que nous. Pour notre bien. Sérieux, il n'y a rien de plus énervant.

Pendant un moment, je me dis que je pourrais lui offrir Sarah-Jade en pâture. Je pourrais fabriquer des preuves matérielles. Ce ne serait pas trop difficile de la peindre comme une fille manipulatrice et chiante – bref, comme ce qu'elle est réellement. Mais je ne le fais pas.

— Je te jure que tout va bien, que j'insiste.

Martin me fixe... non, me transperce de son regard afin de déterminer si je dis la vérité.

Qu'est-ce que je disais ? Je le savais qu'il ne me croirait pas.

— OK, répond-il après un moment. Si je t'en parle, c'est parce qu'une fille qui est si souvent absente, c'est habituellement un mauvais signe. Elle vit des problèmes à la maison ou à l'école...

Cette fois, je roule les yeux.

— ... ou elle est sur le point d'abandonner.

Quoi ?

— Ce ne serait pas la première fois. Tout le monde n'est pas fait pour supporter la pression des entraînements et des compétitions, tu sais. Et il n'y a pas de honte à avouer qu'on est submergé, que c'est trop difficile, qu'on n'arrive pas à suivre le rythme, au contraire. L'humilité demande du courage. Quand je regarde tes résultats sur la piste de course, à ton âge, je trouve ça vraiment impressionnant. Tu as quelque chose. Appelle ça un don, si tu veux, mais tu as visiblement un talent inné pour la course. Ce serait dommage de te voir tout laisser tomber.

Il y a quelque chose que je ne comprends pas. Je veux dire, je m'investis dans mes entraînements, je m'arrange pour respecter le plan et courir les kilomètres qu'il faut, même par cette température exécrable. D'où vient cette inquiétude pour mon avenir athlétique ?

— Écoute, Laurianne. Tant que tu performes sur la piste de course, je suis prêt à te donner un peu de marge de manœuvre. Je te le répète, tu as du potentiel. Mais tu dois comprendre que j'ai d'autres recrues en vue et que si ton Nintendo entre en conflit avec ton plan d'entraînement, je devrai prendre une décision. Il faut que tu prennes ça au sérieux.

— Je prends ça au sérieux ! que je me défends.

— *Good !* Je suis content de te l'entendre dire.

D'un signe de tête, Martin m'indique que je peux rejoindre les filles. J'avoue que son discours m'a troublée. Glisser une fleur – j'ai un don, moi ? – au milieu d'une tonne de briques ne fait pas moins mal quand celle-ci nous frappe (la tonne de briques, pas la fleur). Le hic, c'est que je n'ai aucune idée d'où viennent ces remontrances. Lorsque Martin m'a offert de m'entraîner avec le club des Faucons, je ne pensais pas que ça signifiait que j'allais devoir abandonner toutes mes autres activités. Il savait pourtant que j'étais prise par d'autres engagements. Et pour être bien honnête, quand j'ai reçu son invitation, je pensais seulement participer à une course, pas m'inscrire au club.

Je devrais juste quitter le club et m'entraîner toute seule comme je le faisais avant. J'étais libre de mon horaire, je faisais ce que je voulais, les résultats étaient là et j'avais du plaisir.

Et c'est pas comme si ça me tentait *full* d'être ici en partant. #EnnemieJurée.

Arrête, Laurie !

Je me secoue et j'essaie de repousser ces pensées négatives. Je me dis que Martin est intervenu parce qu'il croit que j'ai du potentiel. C'est positif, non ? Ouais. Sauf qu'il ne comprendra jamais que je doive consacrer du temps à m'entraîner pour la *Ligue*.

Soupir.

Et c'est là que je vois son sourire moqueur. Évidemment ! Comment se fait-il que ça ne m'ait pas sauté aux yeux plus tôt ?

Des fois, je peux vraiment être conne. C'en est débile ! Je fais de l'aveuglement volontaire ou quoi, moi ?

C'est elle qui est derrière tout ça, bien sûr. Le jour où elle m'a versé du shampoing sur la tête, elle m'a dit avoir parlé à Martin, lui avoir dit que je *rushais* sur la piste. Je ne sais pas pourquoi je n'ai pas cru qu'elle avait réellement osé. Pourtant, je la connais bien. Ce doit être Margot qui déteint sur moi. C'est ça : je suis rendue trop fine. Visiblement, Sarah-Jade est allée voir Martin pour l'embobiner. Pire, elle m'a dit en pleine face que je devais me méfier d'elle. Eh bien, cette fois, ce n'est pas tombé dans l'oreille d'une sourde.

Quant à ma session d'entraînement, je peux affirmer qu'elle n'apportera pas les bénéfices escomptés. Il n'y a rien de pire que de courir avec la rage au cœur. Oui, OK, parfois, c'est bien utile, quand il s'agit de se défouler, par exemple. Mais là ? La contre-attaque vicieuse de Sarah-Jade m'a complètement déstabilisée. Je m'en veux de ne pas l'avoir vue venir. Jamais de toute ma vie je n'ai aussi mal couru. C'en était ridicule.

Chaque fois que nos regards se croisaient, Sarah-Jade me retournait un ricanement. Ce qui avait le tour de me mettre encore plus en colère.

Je la hais.

Je la hais, je la hais, je la hais.

Maître Yoda ne serait pas fier de moi.

Et mes cuisses vont me faire souffrir demain.

Je suis tellement trop conne.

Chapitre 7-4

La radio joue dans la cuisine, mais mon père et moi ne l'écoutons que d'une oreille.

Le nez plongé dans sa tablette électronique, papa absorbe les dernières nouvelles ou je ne sais quoi. Selon ses habitudes, il y a 66 % de probabilités pour qu'il soit en train de lire les nouvelles, 21 % qu'il s'essaie (encore) à faire un sudoku (si c'est le cas, il va me demander de lui donner un coup de main parce que ça ne fonctionne pas et qu'il a dû faire une erreur à un endroit ou deux), 16 % que ce soient des mots croisés et moins de 5 % qu'il soit en train de consulter les cotes de la bourse (à vrai dire, je ne l'ai jamais vu consulter les cotes de la bourse, mais il me semble que c'est quelque chose que les parents font, non ?). J'avoue que je ne suis pas encore totalement réveillée parce que mes statistiques ce matin, c'est vraiment n'importe quoi.

Le temps que la procédure d'initialisation de mon cerveau soit achevée, je m'en tiens à quelque chose de simple. Encore trente minutes et je pourrai résoudre l'identité de Jack l'Éventreur, trouver une solution à l'hypothèse de Riemann ou, je ne sais pas moi, comprendre pourquoi Rey et Kylo sont en amour (je veux dire, c'est évident, non ?).

De la main gauche, je tiens une rôtie beurre d'arachide et confiture de fraises en faisant attention à ce qu'elle ne dégoutte pas sur mon pyjama, tandis que, de la droite, je texte Sam. Je lui résume les frasques de Sarah-Jade, ce à quoi il me répond :

Es-tu vraiment surprise ?

Je veux dire, de ce que tu me racontes, c'est pas comme si c'était un revirement inattendu de sa part. Par contre, ce qui m'étonne (et laisse-moi souligner ta retenue), c'est que tu ne l'aies pas encore plaquée dans une porte de case.

What ?

N'importe quoi.

Héhéhé !

Est-ce que j'ai vraiment cette réputation ?

Mais non.

Pour vrai ?

Je t'assure !

Et si je t'avouais que des fois, je considère fortement la chose ? 🤔

😱

😂😂😂

Comment va Meghan ?

Meilleure. Blonde. Ever.

Pour l'obtention du titre de « Meilleure. Blonde. *Ever.* », Meghan part certainement avec une longueur d'avance. D'ailleurs, elle a même réussi à vaincre les réticences de la mère de Sam, qui ne voyait pas d'un bon œil que son garçon sorte avec une fille plus âgée.

Un peu plus et ma mère disait que je suis trop immature pour elle.

Elle a pas tort. 😬

😅

Je te déteste.

Tu devrais vérifier les réglages de ton autocorrecteur, Sam. Il a changé « je t'adore » pour « je te déteste ». 😚

Juste un peu.

Quand t'es pas trop chiante. 😋

Je ne peux m'empêcher de sourire. Avoir un meilleur ami qui habite à l'autre bout du monde, ce n'est pas toujours facile. Ça me pèse de ne pas pouvoir le voir aussi souvent que je le voudrais. Et peu importe ce qu'on dira, jaser par textos, ce n'est pas comme être dans la même pièce. C'est pratique, efficace et rapide, les textos, mais j'ai souvent l'impression qu'on est en train de rater les meilleurs moments de la vie de l'autre. On doit se contenter d'un *best of* par écrit. Comme si on pouvait se satisfaire de la description en deux lignes d'une série de Netflix au lieu de regarder l'épisode en entier.

S7 : E4. Si vis pacem, para bellum

Sam découvre les joies de l'amour en compagnie de Meghan, alors que Laurianne, sa meilleure amie exilée en ville, est aux prises avec de dangereux trolls.

Distribution : Samuel Brodeur, Laurianne Barbeau, Yannick Bergeron

Créateurs : Les frères Duffer

C'est nul.

Parfois (de moins en moins souvent, par contre), j'ai cette envie qui monte en moi, le désir de retourner habiter dans mon village, avec l'espoir de retrouver la vie que j'avais avant tout ça, avant la notoriété (somme toute, très relative) et les trolls et les *haters* que la *Ligue* a attirés, avant Sarah-Jade et sa clique, avant Damien Wolfe et ses agents du Spectre. Mais si je revenais en arrière, je n'aurais jamais connu Charlotte, Elliot et Margot, jamais je ne serais allée en Corée. Je n'aurais jamais connu Gabryelle avec un y, ni Zach...

Mon père soupire. Sans lever la tête de ma conversation avec Sam, je peux voir que la sienne, sa tête, est légèrement inclinée sur le côté. Il semble dubitatif. Sur le point de prendre une décision. Comme toujours, ça ne sert à rien que je le presse, alors j'en profite pour écrire un autre message à Sam.

— Est-ce qu'on est vraiment rendus plates à ce point ? dit-il enfin.

Je ne suis pas certaine si c'est un commentaire à propos de quelque chose qu'il vient de lire, sur la société en général, ou si ce « on » concerne un plus petit ensemble, un ensemble formé de deux personnes, l'une d'entre elles étant lui-même et l'autre étant moi.

— C'est à peine si on s'est dit bonjour ce matin, poursuit-il. On a tous les deux le nez collé sur nos écrans. Et c'est pas un reproche contre toi, je veux dire, t'es une enfant de ta génération, et c'est ma responsabilité de t'éduquer et de te transmettre de bonnes valeurs.

— Désolée. Peux pas parler. En train de texter Sam. Super important. Destin du monde libre en jeu, que je dis en croquant dans ma rôtie.

— Je suis sérieux, Laurie. Dès que tu reviens de l'école, tu te réfugies dans ta chambre. Tu passes des heures devant ton ordi ou ton téléphone. Je ne suis pas mieux, tu sais. Je finis toujours par répondre à un ou deux courriels qui sont supposément urgents, mais qui auraient certainement pu attendre au lendemain, pis en fin de compte, je gosse une heure ou deux pour le bureau, alors que je m'étais promis de passer plus de temps avec toi. Il y a des jours où j'ai l'impression d'échouer dans mon rôle de père.

Un petit ding résonne sur mon cell. Sûrement Sam. Je devrais lui répondre. Il a dû obtenir les codes pour désactiver la bombe sale que des terroristes ont cachée au siège de l'ONU, à New York. Destin du monde libre et tout ça. Je résiste à la tentation de lire le texto en question. Je ne suis pas si ingrate. Je me lève, contourne la table de la cuisine et vais prendre mon père dans mes bras.

— Tu es un papa formidable, que je lui dis.

— Tu le crois vraiment ?

— Bien sûr ! Si je suis aussi exceptionnelle que tu me le répètes chaque jour depuis ma naissance, alors tu dois être pas mal non plus. Après tout, je n'ai que la moitié de tes gênes. Et on dirait que j'ai hérité de la bonne moitié. Ça donne matière à penser : aurais-je été mal foutue si j'avais eu l'autre moitié ? Bah, on ne le saura jamais ! Bon, je dois sauter dans la douche, sinon je vais être en retard à l'école, que j'ajoute rapidement en m'esquivant dans la salle de bain.

J'avais raison. Papa lisait les nouvelles et il a dû tomber sur un article parlant des dangers de la technologie chez les jeunes et de ses effets sur le développement de notre cerveau. Les parents sont faibles et influençables comme ça.

Après être passée sous la douche, je prends trois fois trop de temps pour choisir mes vêtements. La porte de mon garde-robe est grande ouverte. Celui-ci est bien rempli et j'ai pourtant l'impression que je n'ai rien à me mettre sur le dos. C'est ridicule.

Urgh.

J'ouvre le tiroir de ma commode et saisis la première petite culotte qui me tombe sous la main. Idem pour le soutien-gorge dans le second tiroir, mais en tentant de l'attacher, je ressens une douleur vive à la poitrine. On jurerait que l'homme invisible essaie de me poignarder. Ma brassière *cute* (la seule de ma garde-robe) a rendu l'âme : une des armatures de métal a transpercé le tissu (et mon épiderme). Je la lance dans le coin de ma chambre ; elle frappe le mur et tombe directement dans la poubelle. Celle de sport fera l'affaire. De toute façon, des deux, c'est elle la plus confortable. Malgré le froid qui sévit dans la province, je choisis une paire de jeans artistiquement déchirés sur les cuisses, le genre qui fait rouler des yeux mon père, parce que c'est quoi l'idée de payer pour du linge neuf tout déchiré ?

L'idée est intéressante et on pourrait en débattre, mais que connaît vraiment mon père de la mode ? Rien ! Alors ça règle la question.

Ce pantalon ira à merveille avec mon *sweat* à capuchon et à rayures bleues et crème. J'avoue que ça fait changement de mon traditionnel kangourou noir.

Maquillage à la vitesse grand V. Un peu de fond de teint dissimulera les petites imperfections de mon visage. Je me cendre les paupières comme si j'avais fait ça toute ma vie et applique un rouge à lèvres juste assez discret.

Pendant une (très courte) seconde, j'envisage de me faire une tresse française, idée que j'abandonne tout de suite. J'aurais besoin d'une heure, au minimum. Et avec ma grande dextérité, il n'y a aucune chance que ça tienne. Élastique en main, je me fais une queue de cheval, que je défais aussitôt après m'être regardée dans le miroir, parce que beurk.

Mon père cogne à la porte de ma chambre.

— Laurie ?

— Quoi ?

— Feur.

Je l'entends rigoler de l'autre côté de la porte. J'ai dû faire cette blague stupide à mes parents au moins cent... cent cinquante millions de fois quand j'avais neuf ans.

— Veux-tu que je te laisse à l'école ?

Je jette un coup d'œil à l'écran de mon cell : je suis en retard. *Crap !* Comment ai-je pu mettre autant de temps à choisir un pantalon ? Sérieusement, je ne peux pas croire que des gens mettent plus de quinze minutes à se préparer le matin. Ça n'a aucun sens ! Il n'y a qu'une seule explication logique : j'ai dû attraper quelque chose. Un virus. Ouais. Un genre de microbe encore inconnu qui m'a fait perdre conscience des minutes qui passaient. Ou peut-être que la défragmentation nocturne de mon cerveau a subi une interruption. Si seulement je pouvais l'éteindre et le rallumer, ça réglerait le bogue...

Je m'observe une dernière fois dans le miroir accroché derrière la porte de ma chambre. Tant pis. J'ai fait de mon mieux.

Chapitre 7-5

J'arrive à l'école avec juste assez de temps devant moi pour passer à mon casier afin d'y laisser mon manteau, grimper les escaliers à toute vitesse, visiter les toilettes des filles du troisième étage (où j'en profite pour me refaire une couette plus ou moins potable) et me diriger d'un pas rapide jusqu'au local de chimie.

Depuis le fond du laboratoire, Charlotte me fait signe. Margot est avec elle. La classe est prête pour une nouvelle expérience. De grandes toiles de plastique recouvrent les tables de travail. Une drôle d'odeur flotte dans l'air – ce qui est plutôt normal, il y a toujours une odeur de produits chimiques qui traîne dans cette salle de cours. Si ce n'était des élèves en sarrau, on pourrait croire que la classe est prête à accueillir la prochaine victime de Dexter.

Je m'installe à la gauche de Charlotte.

— Elliot est pas là ? que je lui demande.

— Il m'a textée hier soir pour me dire qu'il ne se sentait pas bien et qu'il faisait de la fièvre. Grippe d'homme.

— Pauvre ti-loup ! Il doit être en train d'agoniser ! que je rigole.

— T'as même pas idée ! fait Charlotte en souriant. Je pouvais l'entendre gémir à travers ses textos.

Margot est penchée sur la table. Elle se tient la tête dans une main. Ses yeux sont fermés.

— Ça va ? que je lui demande.

Margot ouvre les yeux, grogne un peu en s'étirant. Le cache-cernes qu'elle a appliqué en couche généreuse ne trompe personne.

— Mal dormi, répond-elle. J'ai encore fait de l'insomnie hier…

C'est une mauvaise semaine pour Margot. On dirait que plus elle est fatiguée et plus elle dort mal. Comme si elle n'arrivait plus à avoir de sommeil réparateur. Personnellement, j'aime trop dormir pour être insomniaque. Si je devais établir une liste de mes activités préférées, dormir se classerait facilement dans le top trois. Ce serait :

1. Jouer à *La Ligue des mercenaires* ;
2. Courir ;
3. Dormir.

Peut-être que dormir serait *ex æquo* avec manger une poutine. Je n'ai pas assez de place sur ma liste. Un top trois, c'est trop peu. Je devrais l'allonger. Comme ça, je pourrais y ajouter regarder *Stranger Things* (encore et encore et encore !) et lire (un roman ou une BD). À bien y penser, tous ces éléments pourraient se retrouver à égalité en première position !

Pendant que je rêvasse, Charlotte enfile son sarrau, sort son cahier de notes et le laisse tomber sur la table sans trop de ménagement – à la Charlotte, quoi ! –, tandis que Margot se tape une boisson énergétique en quatre ou cinq gorgées. Elle essuie son menton du revers de la main et se dépêche de lancer la canette vide dans le bac de recyclage.

Monsieur Bergeron, notre prof de chimie, pénètre dans le laboratoire avec la même énergie débordante que si c'était le premier cours de sa carrière. Zach et William se faufilent derrière lui avant qu'il ait eu le temps de refermer la porte.

— Salut ! J'espère que vous êtes en forme aujourd'hui, gang. Vous vous souvenez de ce qu'on doit faire ce matin ?

La classe émet un grognement incompréhensible, mais ce n'est rien pour décourager notre prof, qui poursuit :

— Je vous avais promis quelque chose de spectaculaire. On va faire une réaction exothermique vraiment débile ! Oui, Noémie ?

— Monsieur Yannick, les termites, c'est pas en biologie qu'on voit ça ?

— Exo-*thermique,* articule-t-il. « Thermique » comme dans chaleur. On va produire une réaction qui dégage une grande quantité de chaleur ! OK. Première chose : sécurité. Pas de sarrau...

— ... pas de labo, pis c'est zéro ! complètent les élèves, habitués à la formule que répète invariablement le prof de chimie chaque fois que nous avons une expérience à réaliser.

— Lunettes de sécurité obligatoires ! ajoute-t-il pendant que nous enfilons notre sarrau. Si, comme Zach, vous avez encore oublié vos lunettes, j'en ai un bac plein en avant. Faut juste me les rapporter à la fin du cours. Compris, Zach ?

— Chef, oui, chef ! répond celui-ci.

Au rythme où il va, Zach va bientôt battre le record de l'école du nombre de lunettes de sécurité perdues. Pour vrai, c'est plutôt épique. C'est à se demander s'il fait exprès. Peut-être s'est-il lancé dans la contrebande de lunettes de sécurité ?

Monsieur Bergeron détaille le matériel dont nous aurons besoin et prend le temps de nous lire les différentes étapes. Parce qu'inévitablement, quelqu'un va se tromper et sauter l'une d'entre elles.

Puis, les élèves se dirigent d'un pas décidé vers l'armoire pour prendre les cylindres gradués et les fioles erlenmeyer requises.

— Envoye ! J'ai pas toute la journée, me lance Sarah-Jade derrière moi.

Elle n'attend même pas que j'aie terminé et joue du coude pour essayer de prendre l'erlenmeyer que j'allais saisir. Nos mains se frappent. L'erlenmeyer me glisse des doigts. Impossible pour moi de le rattraper, mes bras sont déjà encombrés de cylindres gradués. Sarah-Jade, elle, ne fait aucun effort pour le récupérer. La fiole fait un tour sur elle-même, puis un autre, et un troisième avec un peu moins de vigueur avant de tomber sur le plancher. Le contenant de verre éclate en mille morceaux.

— T'aurais pas pu faire attention ! me reproche-t-elle. J'aurais pu m'ouvrir la main à cause de toi.

Je la fixe droit dans les yeux. C'est à croire que Sarah-Jade n'était pas là il y a un instant. Je me contente de lui retourner un regard ahuri qui devrait lui faire comprendre que les *fake news*, ça ne passe pas.

— Attention, les filles, intervient monsieur Bergeron, un balai dans les mains. Laurianne, la prochaine fois, fais donc deux voyages.

Wow. Juste wow.

Si je le pouvais, j'ouvrirais les mains en signe d'incompréhension, MAIS ELLES SONT PLEINES !

Urgh.

Et Sarah-Jade qui ose me gratifier d'un sourire victorieux.

Double urgh !

À cet instant, je l'avoue, je sens en moi le désir de voir la face de chipie de Sarah-Jade entrer en collision avec une porte de case. Ce n'est pas glorieux. Je serre les dents, espérant que ça passe, pour son bien autant que pour le mien.

Je retourne à ma place et tente de raconter à Charlotte ce qui vient d'arriver en simulant les mots du bout des lèvres. Elle me répond :

— Quoi ? tout aussi muettement.

J'aurais poursuivi et mimé la scène si j'avais pu, mais le prof m'interrompt pour expliquer la suite de l'expérience en insistant sur le fait que nous allons utiliser du peroxyde d'hydrogène, un liquide « corrosif », « dangereux » vu sa concentration « élevée » et qu'il faut faire « attention ».

— Tantôt, vous irez aussi chercher de l'iodure de potassium, que vous diluerez dans un peu d'eau. C'est votre catalyseur pour ce labo. Pour que ce soit plus *cute*, vous avez aussi du colorant aliment... commence monsieur Bergeron, mais il s'interrompt.

Les élèves en avant de la classe se mettent à rire.

— Zach, *come on* ! Verse pas le colorant dans ta bouche !

Zach a la langue toute bleue comme s'il venait de se taper une méga sloche géante à saveur de Schtroumpf. Je peux pas croire qu'il a fait ça, c'est tellement niaiseux ! D'un autre côté, je ne peux pas m'empêcher de le fixer et de rêvasser. Je m'imagine très bien profiter de la classe vide pour abuser de lui sur l'heure du dîner.

Puis je me secoue… enfin, j'essaie. Je replace une mèche de cheveux et m'humecte les lèvres afin qu'elles soient bien luisantes.

Lorsque la classe retrouve son calme et reporte son attention sur le prof, qui poursuit ses explications, Zach tourne la tête vers moi, juste assez pour que je le voie me faire un clin d'œil. Je voudrais garder une expression neutre, le faire languir, le forcer à s'inquiéter, à croire qu'il n'y a rien d'acquis, mais il me faut être honnête, je souris... à l'intérieur comme à l'extérieur.

— Est-ce que notre clown désirerait goûter au prochain ingrédient ? demande monsieur Bergeron.

— Ça dépend c'est quoi, répond Zach.

— Un agent émulsifiant.

Voyant que Zach ne comprend pas, pas plus que le reste de la classe, notre prof précise :

— Du savon à vaisselle.

— Je vais passer mon tour ! lance Zach avec enthousiasme.

— Bonne idée ! Et à l'avenir, Zach, mange pas les ingrédients de ton cours de chimie, OK ? Ça pourrait être dangereux. Et pendant qu'on y est, gang, les défis de manger des capsules de détergent, c'est un plan pour se retrouver à l'urgence avec de l'écume au bord des lèvres. Sérieux, je peux pas croire que j'ai à vous rappeler ça. Bon. Pour obtenir une réaction intéressante, vous devez verser l'iodure de potassium dans l'eau et chauffer légèrement la solution à l'aide de votre plaque chauffante, ça aura pour effet d'augmenter la vitesse de réaction. Vous allez voir, ça va être génial !

Sam dit souvent à la blague que la chimie, c'est comme la pâtisserie : il faut suivre les instructions à la lettre si on veut que nos croissants lèvent. Ainsi, si on veut que notre expérience réussisse, il faut suivre étape par étape ce que nous a dit monsieur Bergeron. Je me réfère donc constamment au protocole. Un peu trop souvent, peut-être. Je n'ai toujours pas commencé à diluer mon iodure de potassium, tandis que Charlotte et Margot sont sur le point de procéder à l'étape finale.

En relevant la tête, je constate que Sarah-Jade est allée poser une question au prof et qu'elle en a profité pour câliner son chum en chemin. Elle lui caresse les cheveux alors qu'il lui lèche le cou.

Yark ! Est-ce qu'ils pourraient moins manquer de subtilité, sérieux ?

Alors que j'observe Sarah-Jade qui *frenche* William, un plan se forme dans ma tête. Je n'hésite pas une seule seconde : iodure de potassium en main (façon de parler), je me dirige vers sa table et ajoute la poudre à sa solution. J'augmente aussi le réglage de la plaque chauffante afin de dissoudre toute trace de mon sabotage. Et hop ! ni vue ni connue. L'opération n'a pas pris plus de dix secondes et je suis de retour devant mes cylindres gradués.

En me concentrant, j'arrive à reprendre les dernières étapes de mon expérience. À peine ai-je terminé de préparer les différentes solutions que monsieur Bergeron s'adresse à nous avec son énergie débordante.

— OK, tout le monde ! Êtes-vous prêts à être témoins de la réaction exothermique la plus cool qui soit ?

Une vague d'excitation parcourt la salle de classe. L'ombre d'un bébé regret cherche à naître au fond de moi, mais par la puissance de mon esprit de vengeance, je l'écrase et la fais disparaître.

— À mon signal, poursuit monsieur Bergeron, vous allez prendre votre erlenmeyer et verser d'un coup la solution d'iodure de potassium dans le cylindre contenant le peroxyde, le savon et le colorant. OK? OK. Attention. Opération pâte à dents d'éléphant dans trois... deux... un...

La réaction chimique est instantanée. En se mélangeant, les deux solutions libèrent une grande quantité d'énergie. Des serpents de mousse colorée et brûlante cherchent à s'échapper des cylindres gradués. Ils se répandent sur les tables tout en prenant de l'expansion pendant quelques secondes.

C'est plutôt impressionnant.

Ce qui l'est encore plus, c'est la pâte à dents de Sarah-Jade. Lorsque celle-ci a versé sa solution « ajustée », la réaction a été... spectaculaire !

La mousse a jailli du cylindre et est allée frapper le plafond.

Avec son erlenmeyer en main et une expression abasourdie dans la face, Sarah-Jade ressemble à une nunuche hollywoodienne. Dans tout bon film pour ado, il y a cette fille trop populaire qui a toujours tout pour elle, à part la bosse des sciences. Quand le personnage principal est un gars, les scénaristes ne trouvent généralement rien de mieux que de le faire tomber en amour avec cette nunuche ; si c'est une fille, celle-ci va vouloir faire partie de sa clique de nunuches, voire chercher à devenir comme elle. Et inévitablement, la nunuche va s'arranger pour manipuler l'un et l'autre afin qu'ils l'aident, ce qui lui permettra de réussir son examen et de ne pas couler son cours de physique. La fille comme le gars vont finir par se rendre compte de la nature perfide de ladite nunuche, se venger de façon spectaculaire et l'abandonner à son triste sort, parce que la nunuche, c'est tout ce qu'elle mérite.

De grandes coulisses de mousse colorée s'étirent du plafond jusqu'à la table de

Sarah-Jade comme si un xénomorphe avait choisi de vomir sa bave acide au-dessus d'elle.

#RireDiabolique.

Chapitre 7-6

Jamais je n'aurais cru qu'ajouter un tout petit peu de potassium à la solution de Sarah-Jade aurait pu créer une réaction si intense. Honnêtement, je suis chanceuse qu'il n'y ait pas eu de blessés, mais surtout, que personne n'ait remarqué ma petite manœuvre de sabotage ! La mousse aurait bien pu éclabousser des élèves et les brûler. Franchement, c'est un peu irresponsable de la part de notre prof de chimie de nous faire manipuler ce genre de réaction exothermique.

OK. J'avoue. Je fais preuve de mauvaise foi crasse.

De toute façon, il y a eu plus de peur que de mal. Même Sarah-Jade s'en est sortie indemne et elle se trouvait dans l'œil de la tempête. Il n'y a que quelques tuiles du plafond qui ont été endommagées par la mousse. Un dommage collatéral fort mineur, si on me demande mon avis.

Toute la journée, je me suis promenée avec un sourire aux lèvres, mais la peur au ventre.

Exactement comme quand je viens d'accomplir un bon *hack*. C'est bizarre, ces sentiments contradictoires. Je suis satisfaite d'avoir réussi mon coup, de m'être dépassée et d'avoir réussi à déjouer les défenses de mon adversaire, mais en même temps, j'avance avec des yeux tout le tour de la tête et l'impression qu'une demi-douzaine de voitures de police vont débarquer d'un instant à l'autre pour me mettre en état d'arrestation. Ce n'est pas l'expérience la plus agréable à vivre. Je sais de quoi je parle : se faire défoncer la porte de sa chambre par des hommes armés, très peu pour moi, merci !

Relaxe, Laurie. Tu es sauve. Personne n'a rien vu.

Si quelqu'un me pose la question, j'avais les yeux rivés sur les instructions du prof afin de réussir ma propre réaction chimique. Bref, je ne sais rien.

Sarah-Jade n'est pas conne ; je sais qu'elle sait, et elle sait que je sais qu'elle sait. Mais à mon grand avantage, elle est vraiment cruche en chimie : ce n'est pas la première expérience qu'elle fait foirer.

Avant qu'elle n'ait eu le temps de m'accuser (à tort, monsieur le juge, je suis *full* innocente dans cette affaire !), monsieur Bergeron l'a prise à part et lui a assuré que ça arrive de se tromper dans ses mesures, que ce n'est (heureusement) pas la fin du monde, et qu'il faudrait peut-être qu'elle lâche son chum pendant les labos afin de mieux se concentrer sur la marche à suivre.

Sarah-Jade s'est arrangée pour sortir de la classe en même temps que moi. Zéro subtile, comme d'habitude, elle m'a plaquée contre le cadre de porte.

— Fais attention où tu mets les pieds, Laurianne. Ce serait bête que tu te blesses à cause d'une maladresse, m'a-t-elle craché.

Ses menaces ne me font pas peur. Le moment venu, je serai prête et je l'attendrai dans le détour. C'est elle qui a tout commencé ; je ne fais que lui rendre la monnaie de sa pièce. Sarah-Jade a toujours réussi à imposer ses caprices à tout le monde, car personne n'a jamais osé se dresser devant elle. Eh bien, c'est fini ! Ça ne passe pas avec moi. Œil pour œil, dent pour dent. Ce n'est peut-être pas moi qui ai commencé la bagarre, mais je peux garantir que c'est moi qui vais y mettre un terme.

L'adrénaline qui coule dans mes veines depuis le cours de chimie ne me quitte pas de la journée. Ce n'est que lorsque j'arrive à l'appartement que je me détends un peu.

Les marches de l'escalier, qui vont du trottoir à la porte, sont arrondies par les accumulations successives de neige et de glace. Vivement que le printemps arrive, parce que monter jusqu'à chez moi devient de plus en plus périlleux.

— Allo ! m'accueille mon père, lorsque je pénètre dans l'appart.

— Tu es déjà à la maison ?

Papa sort de la cuisine, une bière à la main, et pousse un soupir d'exaspération.

— Tout le monde me tombait sur les nerfs au bureau, rage-t-il. Les clients surtout ! Tu peux pas imaginer à quel point les gens peuvent être cons !

— Genre ? que je demande en accrochant mon manteau dans l'entrée et en lançant mes bottes au fond du garde-robe.

— Déjà, il y a ceux qui ne comprennent pas qu'un contrat, c'est engageant. C'est comme la base : tu signes, on exécute le travail, tu payes nos honoraires. Le temps qu'on perd à courir après notre argent, je te dis même pas. Il y a quelques années, j'ai déjà eu affaire à un bonhomme qui menaçait de nous faire une mauvaise réputation parce que, selon lui, le fait qu'on insiste pour qu'il nous paye, ça prouvait qu'on était trop à l'argent. Désolé, mon coquin, mais mes fournisseurs n'acceptent pas que je règle mes factures en sourires et en beaux yeux.

Pendant que mon père poursuit sa tirade, je vais me chercher une canette de boisson gazeuse dans le frigo.

— Ça, c'est les mauvais payeurs. Avec le temps, je te dirais qu'on a appris à les éviter, alors on s'en tire plutôt bien. Mais il y en a toujours un qui réussit à se faufiler et qui vient foutre le bordel. Ça doit être un don chez eux. Et je ne t'ai pas encore parlé de ceux qui aimeraient qu'on ne tienne pas compte des lois de la physique…

— Quoi ? que je crache en m'étouffant.

— Je te le jure ! dit-il en riant. « Il me semble que le rendement serait meilleur si la gravité n'existait pas. » Ils ne le disent pas comme ça, mais c'est ça que ça veut dire. « Non, Carole ! Je ne peux pas contourner les lois de la thermodynamique pour ton projet ! » Ce sont les mêmes crétins qui nous envoient des courriels écrits en Comic Sans avec un GIF de leur chat sous leur signature. Argh ! Tous des imbéciles sortis de l'enfer !

— Tu veux dire *GIF*, que je dis en le reprenant sur sa prononciation.

Papa roule des yeux et me sourit malgré lui, puis il se dirige vers le salon, où il se laisse choir sur le divan, exténué par la bêtise des gens avec qui il doit parfois traiter. Parfois trop souvent.

— Il y a des jours, Laurie, où j'ai le goût de tout laisser en plan. De sacrer ça là, de casser notre bail et de déménager dans une petite maison sur une plage aux îles Fidji.

— Mon pauvre petit papa chéri d'amour, que je lui dis en m'assoyant près de lui.

Je n'ai pas besoin d'en dire plus. Il passe un bras autour de mes épaules.

— Heu... Peux-tu promettre de ne pas me chicaner ?

— Quoi ? fait-il, confus.

— Promets-moi que tu ne vas pas entrer dans une colère noire, te transformer en Hulk, détruire la ville et, surtout, me priver de sortie jusqu'à ce que j'aie la majorité universelle, que je dis avec des yeux piteux.

— Pourquoi est-ce que je ferais ça ?

— Si tu promets, je vais tout te raconter.

Papa soupire.

— OK. Je promets, fait-il enfin, une main sur le cœur.

— Tu te souviens de Sarah-Jade ?

— Si je me souviens d'elle ? Cette démone a tenté d'asphyxier ma fille unique, la prunelle de mes yeux, mon héritière ! Ha ! Nous la haïssons, mon précieux, fait-il avec la voix de Gollum. Qu'est-ce qu'elle a fait encore ?

— Eh bien... que je dis en tournant autour du pot. C'est pas tant ce qu'elle a fait que ce que moi j'aurais pu faire.

— Ce que tu aurais pu faire ? répète-t-il, mi-intrigué, mi-inquiet.

Je commence par lui rappeler à quel point Sarah-Jade est une harpie en lui décrivant comment elle fait de ma vie un véritable enfer. Là-dessus, papa est d'accord avec moi. Déjà qu'il ne la portait pas dans son cœur.

— T'as pas idée de ce que je donnerais pour retourner au secondaire... avec tout ce que je sais aujourd'hui, bien sûr. Deux-trois devoirs à faire avec Google à portée de main, des petites chicanes à gérer de temps en temps au lieu de caprices de clients pas possibles, des histoires d'amour à la place du potinage de bureau : il me trouve-tu *cute* ? Il me trouve-tu pas *cute* ? Vous l'avez tellement facile ! Vous avez même pas idée !

— Eille ! J'ai pas fini, que je me plains.

— Désolé. Continue.

En choisissant soigneusement mes mots afin de ne pas me dépeindre comme une terroriste, je raconte à mon père comment j'ai saboté l'expérience de Sarah-Jade (une harpie, que je lui rappelle à nouveau).

Pendant un moment, il reste silencieux.

— Dis quelque chose ! que je m'impatiente.

— Ma fille est complètement folle, fait-il en hochant la tête.

— Eille ! que je proteste en lui assénant une bine sur la cuisse.

— Et une dangereuse terroriste ! On n'aura pas le choix de s'exiler si on veut éviter que tu ailles en prison. Mon premier choix reste les Bahamas. Est-ce que les Bahamas ont un traité d'extradition avec le Canada ? Bah, on verra rendu là ! Tu pourrais suivre des cours à distance. Je pourrais devenir instructeur de plongée sous-marine. Ou surfeur. J'ai toujours rêvé d'être un champion de surf. Ils ont un beau teint, je trouve, les surfeurs.

— Tu sais faire de la plongée sous-marine ?

— Non. Mais j'apprendrais. J'aurais juste ça à faire !

— Toi, tu as besoin de vacances...

— Hum... peut-être, soupire-t-il.

— Et d'une pizza toute garnie extra bacon et saucisse italienne. C'est toi qui offres !

— C'est moi qui offre ?

— C'est toi qui offres ! que je répète en sortant mon cell et en appelant la pizzéria du coin.

Les scientifiques partout sur la planète ont prouvé depuis belle lurette que des protéines graisseuses baignant dans une riche sauce tomatée, recouvertes de fromage mozzarella de moindre qualité et grillées au four à bois, ça vous replace les idées.

Lorsque le livreur sonne à notre porte, papa a déjà meilleure mine. Je crois que c'est parce qu'il n'aura pas à faire la vaisselle.

Avant même d'avoir dressé la table, j'ouvre la boîte, attrape une pointe de pizza et en fourre la plus grande partie dans ma bouche.

— Gnche jais aller, que je dis la bouche à moitié pleine, chez Charlotte tantôt.

— Quoi ?

— Je disais que je vais aller chez Charlotte après le souper. Margot aussi. Elliot peut pas, il est encore malade. Margot veut m'apprendre à faire des tresses et Charlotte doit me faire un *makeover*, genre maquillage et tout le reste.

Papa me fixe d'un drôle d'air, doutant de ce je viens de lui dire.

— Mais non ! que je rigole. On va potiner sur les garçons qu'on trouve de notre goût et *gamer* un peu.

Papa grogne un coup, avale une gorgée de bière et dépose sa bouteille.

— Justement, je voulais te parler de ça.

— De garçons ?

— De l'heure où tu reviens à la maison, précise-t-il.

Oh boy.

— Je sais très bien que tu as un rythme particulier et que tu n'as jamais été une couche-tôt. C'est pas de ta faute, tu tiens ça de moi. Mais faudrait pas exagérer non plus. Tu es une ado, tu as besoin de ton sommeil. Tu *games* souvent très tard. *Trop tard.*

— Je fais attention… que je commence, mais mon père m'interrompt.

— J'ai pas apprécié ce qui est arrivé l'autre soir. J'étais vraiment inquiet. Tu as beaucoup de liberté parce que j'ose croire que je peux te faire confiance, mais là, tu avais largement dépassé une heure de retour raisonnable pour un soir de semaine. Tu aurais pu juste me texter… Parfois, j'oublie que tu n'as que quatorze ans, ajoute-t-il après une grande inspiration. Laurie, les prochaines années vont être super importantes pour tes études. J'ai pas envie de te voir déraper... Et… Et tu dois faire attention en ville, ajoute-t-il après un moment. Une jeune fille toute seule…

Papa est incapable de terminer sa phrase. Pas besoin d'un doctorat en mécanique quantique pour comprendre son avertissement.

— Papa, j'ai juste oublié l'heure. J'avais un devoir hyper important sur lequel je devais travailler, que je mens (mais pas tant que ça, c'est vrai que j'étais concentrée sur une tâche super importante). J'ai pas vu le temps passer. C'est pas comme si je m'étais fait de fausses cartes pour aller danser toute la nuit dans un *after-hour* dans un *squat* au centre-ville. De toute façon, tu le sais que c'est pas mon genre.

Mes justifications ne semblent pas faire l'affaire de mon père, probablement parce que mon ton est trop cassant. J'opte pour un changement de stratégie : lui donner raison.

— Écoute, papa. Je suis vraiment désolée pour cette semaine, que je dis avec des yeux doux. J'aurais dû t'avertir, mais je suis un peu dans la lune ces temps-ci. Ça doit être mes règles qui me jouent des tours.

Le visage de mon père se fait moins dur.

— OK. Laisse tomber les yeux de biche en détresse, mademoiselle la manipulatrice. Te servir de tes menstruations comme prétexte, franchement…

Je ricane.

— Mais bon, je vois que tu as compris le message. Pas plus tard que dix heures, ce soir.

— Ben là, on est vendredi ! que j'explose. C'est pas comme s'il y avait de l'école demain. On n'aura pas le temps de rien faire ! Onze heures, que je relance.

— Dix heures, dit-il fermement. Tu as du sommeil à récupérer.

Je sens dans sa voix que j'ai peut-être une toute petite marge de manœuvre.

— Dix heures quarante-cinq. Je passe l'aspirateur et je lave la salle de bain au cours de la fin de semaine.

Les sourcils de mon père tressautent imperceptiblement. Il se rattrape tout de suite, tentant de ne rien dévoiler de son jeu. Sa *poker face* est forte. Je sens qu'il évalue mon offre.

— Dix heures quinze. Et tu fais l'époussetage de ta chambre, me relance-t-il.

— Dix heures trente, que je me risque en lui faisant des beaux yeux. Parce que tu es le papounet le plus fin du monde entier.

Papa grogne son assentiment et me laisse ajouter trente petites minutes à mon couvre-feu.

Ce n'est pas comme si j'étais sur la corde raide. Mon père n'a jamais vraiment eu à se plaindre de sa fille préférée. Il l'a même plutôt facile, si je puis dire. Je suis gentille, polie, intelligente, j'ai toujours plus ou moins évité le trouble, du moins en public, je respecte l'autorité (de façon générale), je fais le ménage et mon propre lavage, je m'entraîne régulièrement, je ne fume pas ni ne consomme de drogue ou d'alcool en cachette, je ne découche pas et mes amis sont super fins eux aussi, sans compter mes notes qui ont toujours été bien au-dessus de la moyenne, malgré tout ce qui nous est arrivé au cours des derniers mois. Et je suis humble, en plus.

Cette petite évaluation est si positive que je n'ai vraiment pas le goût d'y ajouter des détails sans importance, tels qu'un *hack* (ou douze) contre une entreprise à la sécurité informatique défaillante, la programmation d'un virus conçu pour faire tomber un site web grâce à une puissante attaque DDoS ou ma prochaine mission, qui vise à infiltrer les serveurs de KPS afin de prouver que le Spectre reçoit ses ordres de Damien Wolfe.

Cette liberté surveillée, c'est une façon pour mon père de ne pas perdre le contrôle sur sa fille qui grandit trop vite. Ça fait ressortir son côté papa coq. Dans quelques jours, il aura tout oublié et on sera de retour à la normale. Enfin, j'espère...

Je suis bien heureuse de l'issue de notre négociation. À mon retour, il me restera assez de temps pour texter Sam, glander sur Reddit et même lire le plus récent Marini, une BD sur mon sombre prince charmant préféré qui devrait décaper. Mon père a bien fait d'accepter un compromis : mes vengeances sont trop imaginatives. Une bonne vengeance n'a pas besoin d'être complexe. Par exemple, quand Sam me tombe sur les nerfs, je lui refile un ver d'oreille. J'ai appris à fredonner des chansons populaires horriblement insipides juste au cas. Nul besoin de préciser que c'est une arme à double tranchant, qui me fait beaucoup plus mal à moi qu'à lui, car jusqu'à ce que je l'utilise, il n'y a que moi qui souffre. En silence.

Afin de gagner quelques points avec papa, je ramasse nos assiettes, les rince et les glisse dans le lave-vaisselle avant de courir me brosser les dents. Rien de pire qu'une haleine de pizza persistante. Ah non, il y a un truc pire : un bout de poivron vert coincé entre les palettes ! Non, j'ai mieux : un bout de gras de salami qui se loge entre deux molaires et qui nous chatouille les gencives. Ark ! Rien que d'y penser, ça me lève le cœur.

Ma tuque enfoncée sur la tête, le capuchon de mon manteau relevé pour me protéger du vent, je ne laisse au froid aucune emprise sur moi. L'heure de pointe est terminée depuis un bon moment. Le vendredi, les travailleurs quittent leur boulot le plus vite possible afin de rejoindre leur petite famille, ou pour tenter d'éviter l'heure de pointe (mission impossible !)

et s'évader de la ville en vue de passer la fin de semaine au chalet ou sur les pentes de ski.

Une bourrasque un peu plus forte me siffle dans les oreilles et se faufile entre les mailles de mon foulard pour me chatouiller le cou. Je coupe par la ruelle. Ici, les immeubles offrent une protection supplémentaire contre le vent. Loin d'être une priorité de l'administration municipale, cette ruelle n'a toujours pas été déneigée. Une voiture s'est malgré tout frayé un chemin dans la neige. Les traces laissées par celle-ci m'offrent un sentier étroit où mettre les pieds sans caler jusqu'aux genoux.

Le paysage a quelque chose de la carte postale. C'est bien plus joli ici que sur les grandes artères de la ville, où ce qu'il reste de la plus récente tempête est tout noirci. Une chute de neige, c'est bien pour camoufler les imperfections de la ville. Sans neige, la vie y est grise, sale et terne. Tout y est froid et sec. Encore plus en hiver.

Cette ruelle me rappelle un peu mon village. En fait, pas vraiment la ruelle, parce que, là d'où je viens, on n'a pas ce genre de petite rue étroite, ni ces duplex et ces triplex en rangée aux escaliers si caractéristiques. Ce n'est pas tant l'urbanisme ou l'architecture que le calme plat de l'endroit qui raniment mes souvenirs. Voilà ! Cette petite bulle à l'abri du reste du monde me rend nostalgique. Dans notre patelin, Sam et moi, on pouvait marcher au milieu de la rue peu importe l'heure sans avoir peur de se faire happer par une voiture. Sauf sur la route provinciale qui passait au cœur du village, bien sûr. Faudrait pas exagérer non plus.

Le sentier tracé par la voiture tourne dans une cour et prend abruptement fin. Je comprends qu'une voiture était garée ici et qu'elle est sortie de la ruelle plus loin derrière moi. Je lâche un soupir semi-découragé. Je pourrais rebrousser chemin et revenir sur mes pas jusqu'à l'entrée de la ruelle plutôt que de poursuivre encore sur quelques dizaines de mètres dans la neige pour rejoindre le trottoir.

Bah ! Au point où j'en suis…

Je fais un pas et grimace en sentant la neige s'infiltrer dans ma botte. Naturellement, ce n'est que quelques mètres plus loin, alors que j'ai les deux pieds dans la neige (ou l'inverse) que Charlotte m'envoie un texto m'informant qu'on se rejoint plutôt chez Margot.

Urgh.

Classique.

Chapitre 7-7

— *Oh my God!* On gèle ! Rentre vite ! me presse Margot en m'accueillant chez elle. Viens, on va jaser dans ma chambre. Charlotte est pas encore arrivée.

Les parents de Margot sont assis dans le salon et regardent la télévision. Correction : son père zappe d'une chaîne à l'autre pendant que sa mère placote au téléphone.

C'est bizarre, j'ai l'impression d'assister à une scène du siècle passé. Je ne me souviens pas de la dernière fois où mon père ou moi nous sommes assis devant la télé afin de zapper. Pourquoi est-ce que j'attendrais une semaine pour pouvoir regarder le prochain épisode d'une série quand je peux la *streamer* de A à Z sur le net ? Et parler au téléphone ? Je veux dire, pourquoi ? Tant qu'à y être, je pourrais écrire une lettre à la main à Sam, la poster et attendre des semaines en me tournant les pouces que le facteur me livre sa réponse. Pfff ! La vie est trop courte. Je n'ai pas de temps à perdre, moi.

J'adresse un bonsoir aux parents de Margot. La mère de mon amie me salue de la main.

Arrivée dans sa chambre, Margot saisit une canette de boisson énergisante déjà ouverte, cherche à en prendre une gorgée, mais constate qu'elle est vide, alors elle la jette aussitôt dans la poubelle. Le contenant d'aluminium produit une série de notes métalliques lorsqu'il frappe ses semblables.

Une quantité impressionnante de dessins est éparpillée sur le bureau de Margot. La plupart ont été tracés au crayon de plomb ou au fusain, d'autres au feutre. Quelques-uns ont été colorés à la va-vite, comme si le projet avait été abandonné en cours de route. Margot nous a habitués à un style plus rond et joyeux, nettement influencé par les mangas ; or, la plupart de ces croquis sont sombres et le trait est hachuré, nerveux.

— Trop cool ! que je dis en ramassant l'un d'eux.

Je reconnais tout de suite nos avatars de la *Ligue* : ShanYiLi, Baronne_Togram, Mhoryn et Stargrrrl ; presque toute la bande de

Prop3rgol_Pastel y est. Les avatars se sont mis à couvert, car au loin, on peut apercevoir les phares d'un convoi dans la montagne. Dans le ciel, derrière les nuages, j'arrive à distinguer la silhouette de *Thorondor*. Margot a reproduit avec précision notre rencontre avec Mini Negan.

— Tu l'aimes ?

— C'est génial !

Margot replace une mèche de cheveux. Ses doigts sont noircis par le plomb et picotés de taches d'encre.

— Tu trouves pas que c'est... trop chargé ? me demande-t-elle, anxieuse. Je veux dire... avec *Thorondor*, je sais pas, ça fait beaucoup, non ? J'ai hésité à le mettre. Parce qu'avec les avatars au premier plan et le convoi au loin, ajouter le jet, je sais pas, ça crée comme un effet de distorsion... Tu trouves pas que c'est trop ?

Margot n'est jamais satisfaite de ses œuvres. Au fil des mois, j'ai remarqué qu'elle a tendance à abandonner ses projets au stade de croquis ou à ne jamais les considérer comme vraiment terminés, à toujours vouloir peaufiner un détail.

— Hein ? Ben non ! En fait, oui, pour l'effet de distorsion, mais c'est super cool, parce qu'on absorbe tout d'un seul coup d'œil. Comme si on regardait la scène à travers une lentille grand-angle. Ouah, c'est Thrúd ! que je m'exclame en apercevant l'avatar de Mylène planqué dans l'arrière-plan. Wow ! T'es vraiment bonne, Margot. C'est vraiment ton meilleur.

— Je te le donne, si tu veux.

— Pour vrai ? que je dis, excitée. Mais… tu veux pas le garder ?

Margot fait une drôle de moue, comme si ce n'était rien à ses yeux.

— Prends-le, Laurie. Ça me fait plaisir. J'en ai plein d'autres, dit-elle en indiquant son bureau recouvert de dessins inachevés.

C'est vrai qu'elle croule sous les croquis. Margot glisse le dessin dans une pochette afin de le protéger puis me tend celle-ci.

Alors que je fouine dans la collection de mangas de Margot et qu'elle a repris son carnet de dessin, Charlotte pénètre en trombe dans la chambre. Elle lance un sac à bandoulière sur le lit et laisse tomber son manteau et son foulard au sol.

— Argh ! Libérééééééééé, délivréééééééé ! chante-t-elle. J'en pouvais plus. Honnêtement, Laurianne, je sais pas comment tu fais pour traîner ton portable dans un sac messager. Moi, ça me déboîte l'épaule.

Je hausse les bras tandis que Charlotte étire les siens.

— Bah, je sais pas. Je suis habituée, faut croire.

— Dis donc, Margot, tu as été productive, déclare Charlotte.

— Comme je dors mal, j'en profite pour dessiner un peu plus, nous explique Margot. Et sérieux, les filles, avec pas de gars dans le décor, j'ai beaucoup plus de temps à tuer.

Charlotte se laisse tomber sur le lit.

— Ben là, Margot. Ton dernier *kick* remonte à l'automne dernier. À moins que tu cherches subtilement à nous annoncer qu'il y a un nouveau chum potentiel dans ta vie ? la presse Charlotte avec un grand sourire.

Margot rigole nerveusement.

— Non, non. Le désert plat. Et je ne me plains pas. Ça arrivera quand ça arrivera. Je ne suis pas pressée de retomber en amour. C'était trop d'émotions, de déception surtout...

— Parlant d'amoureux, que je dis, comment va Elliot ?

— Mieux. Il devrait survivre à cette nouvelle infection bactériologique. Il est tellement fragile...

— Il ne voulait pas venir *chiller* avec nous ce soir ? que je demande.

— Ça lui tentait, mais il disait qu'il ne voulait pas nous contaminer. Je lui ai expliqué qu'il n'était plus contagieux, mais il a refusé. Genre qu'il ne pourrait pas résister à l'envie de m'embrasser, et que ça me mettait donc dans une catégorie à haut risque.

On pouffe de rire.

— Bref, on va se voir à La Grotte demain après-midi.

Une idée me passe par la tête.

— Les filles ! que je dis en me redressant subitement. Les filles...

— Quoi ? fait Charlotte, intriguée.

— C'est tellement demain que ça se passe ! que je dis, tout excitée.

— De quoi tu parles ? demande Margot.

— Du mystère Elliot ! Du secret qu'il nous cache, ton chum ! que je dis en observant Charlotte. Sérieux, il faut qu'on le prenne en filature.

— Genre comme l'espionner ? demande Margot en mal de syntaxe.

— Genre exactement comme l'espionner !

Margot ne paraît pas convaincue. D'après elle, dès qu'Elliot va mettre le pied hors de chez lui, il va nous *spotter*, même si nous nous cachons derrière une voiture.

— Mais non ! que je rétorque. Parce qu'il ne s'y attendra jamais ! Et je ne veux pas être méchante, mais Elliot, il a beau être super intelligent, c'est pas le plus observateur.

— C'est vrai que c'est pas toujours le pogo le plus dégelé de la boîte, approuve Charlotte.

Margot se range à notre avis. Elle propose même que nous nous déguisions afin de réduire les risques de nous faire repérer.

— Génial !

Nous passerons donc à l'action dès demain matin. Nous pourrions sceller notre complot par une poignée de main additionnée d'un crachat, mais ce serait franchement dégueulasse.

— Puisqu'on est dans les affaires secrètes, que je dis aux filles, faut que je vous avoue quelque chose.

Pendant un bref instant, il me prend l'envie de leur parler de ma relation secrète avec Zach – ce qui serait une erreur monumentale. Elles me diraient que cette relation est, justement, une erreur monumentale, alors je me ravise. Je ne me comprends pas moi-même, alors comment pourrais-je leur expliquer que je *frenche* avec Zach en cachette ?

— Ce matin, dans le cours de chimie, c'est moi qui ai saboté l'expérience de Sarah-Jade. Pendant qu'elle avait le dos tourné, j'ai trafiqué sa solution.

— Nooon ! s'exclame Margot, incrédule. T'as pas fait ça !

— Bah ! J'ai juste rajouté un mini peu d'iodure de potassium… que je me défends.

— Je le savais ! J'en aurais mis ma main au feu ! dit Charlotte.

— Si tu le savais, pourquoi t'as rien dit ? que je lui demande.

— J'ai pensé que tu devais avoir tes raisons et que tu allais nous en parler plus tard. J'imagine qu'un jour, tu vas nous faire confiance, qu'elle me lance en reproche.

Bon. Charlotte n'a pas tout à fait tort là-dessus.

Comme je l'avais prévu, Margot n'est pas à l'aise avec mes méthodes, même après que je lui ai expliqué à quel point Sarah-Jade cherche à me mettre des bâtons dans les roues au club de course.

— J'avais vraiment le goût de vous le dire plus tôt, mais je ne voulais pas en parler à l'école. C'était trop dangereux. Si quelqu'un m'avait entendue, il aurait pu aller voir le directeur ou, pire, Sarah-Jade. Et là, même si vous n'avez rien à voir avec ça, elle aurait pu décider de s'en prendre à vous, juste pour se venger de moi.

— Ouais, t'as raison, avoue Charlotte.

— En tant que criminelle récidiviste, je sais de quoi je parle, que je dis, un sourire en coin. Ceci dit, surveillez vos arrières, les filles ; je suis pas mal certaine qu'elle sait que c'est moi.

Je ramène habilement la discussion vers un sujet moins compromettant, soit l'origine de la relation entre Charlotte et Elliot. Celle-ci nous explique qu'elle a toujours eu un œil sur Elliot et qu'elle se doutait que c'était réciproque. Mais jamais elle ne se serait attendue à ce que ça prenne autant de temps avant qu'Elliot se rende compte qu'il était en amour lui aussi. Leur relation me fait penser à celle que j'ai avec Sam, sauf qu'il n'y a strictement rien d'amoureux entre Sam et moi.

— Et puis toi ? me demande Charlotte avec un regard moqueur.

Frak !

— Quoi, moi ? que je réponds en jouant à l'innocente.

— Ben oui, toi, fait Margot en relevant la tête de son carnet. Il n'y a personne qui fait battre ton cœur ?

Visiblement, Charlotte n'a rien dit à Elliot ni à Margot, mais elle ouvre grand les yeux en me fixant. Genre l'air juste trop louche.

— Qui fait battre ton cœur, Laurianne ? insiste-t-elle, aussi subtile qu'un dragon ayant reniflé une pièce d'or.

J'envoie une grimace à mon amie. Elle sait très bien que je préférerais éviter cette conversation. Malgré moi, le rouge me monte aux joues.

C'est pas juste !

En voyant nos faces, Margot comprend tout de suite qu'il y a anguille sous roche. Impossible de me défiler. Plus ou moins. Je lui raconte l'histoire que j'avais déballée à Charlotte : j'entretiens une relation épistolaire par textos avec un gars qui restera anonyme pour notre bien, à lui et à moi, et c'est tout, parce qu'il est déjà en couple, ce qui en fait une relation impossible, alors aussi bien arrêter d'en parler. Ça ne mènera nulle part.

Charlotte me jette un regard satisfait, heureuse d'avoir pu exposer cette relation au grand jour. Je lui lance une boule de papier sur le nez pour me venger. Margot me plaint. Les *kicks* qui ne vont nulle part, elle connaît ça, nous rappelle-t-elle.

Plusieurs sonneries viennent mettre un terme à l'interrogatoire de mes amies qui, en poussant un peu, auraient pu relever des erreurs dans ce énième mensonge. Une fenêtre de Skype est apparue à l'écran de l'ordinateur de Margot. La même sonnerie résonne sur nos trois téléphones.

— C'est Marion, dit Margot, un peu surprise.

— Ici aussi, que je confirme en indiquant mon téléphone.

— Marion Delanoy ? fait Charlotte.

— Tu connais une autre Marion, toi ?

— Qu'est-ce qu'on fait ? demande Charlotte, prise au dépourvu, alors que les sonneries continuent à retentir.

— On lui répond !

D'un clic, Margot démarre la conversation sur son ordinateur. Elle réoriente la caméra afin que nous soyons toutes dans l'image et vient s'asseoir sur le lit. Marion Delanoy, le bras droit de Patrick Lemieux, apparaît à l'écran. Ses longs cheveux noirs sont noués en une tresse asymétrique qui lui descend jusqu'aux épaules, ce qui lui donne un air royal. Je suis toujours impressionnée par sa forte présence, même virtuelle. Inconsciemment, je lisse mon *sweat* rayé bleu et crème. Je me dis que je devrais arrêter de m'habiller en mou, que j'aurais dû mettre une blouse noire au tissu soyeux... avant de réaliser l'absurdité de ma réflexion.

Encore une fois, la sévérité disparaît du visage de Marion lorsqu'elle nous sourit.

— Bonsoir, les filles ! Comment allez-vous ?

— Vraiment très bien ! Dis donc, est-ce que tu crois que KPS pourrait nous envoyer participer à un tournoi dans un pays chaud, genre la Martinique ? On est tellement tannées de geler ici ! lance Margot.

— Ne me tentez pas ! Si l'hiver continue comme ça, c'est moi qui vais l'organiser, ce tournoi sous les palmiers ! rigole-t-elle. J'espère que je ne vous dérange pas, au moins. Est-ce qu'Elliot est avec vous ?

— Non. Il se repose. Il a attrapé un rhume.

— Le pauvre. Vous le saluerez de ma part.

Je devine par le décor que Marion est encore au quartier général de KPS. Un petit pincement nerveux me parcourt l'échine en imaginant ce qui peut arriver si mon virus n'est pas parfait. Mais ce n'est pas le temps de penser à cela. Je repousse mes inquiétudes et me concentre sur notre interlocutrice.

— Les filles, j'ai quelque chose à vous proposer...

Chapitre 7-8

— KPS organise un tournoi de *La Ligue des mercenaires*, qui aura lieu dans quelques semaines, nous annonce Marion Delanoy. Nous souhaitons réunir quelques-unes des meilleures équipes. RedBear et Kim/Shout ont déjà confirmé leur présence. Nous aimerions beaucoup que la Guilde des *noobs* soit de la partie.

Ça n'en prend pas plus pour que nous nous mettions à crier de joie toutes les trois. Nous hurlons tellement que la mère de Margot ouvre la porte.

— Margot, ton père arrive même plus à entendre son émission, nous sermonne-t-elle.

Avant que nous puissions lui expliquer la raison de cette effusion spontanée de joie, Marion prend les devants.

— Désolée, madame Désilets, dit-elle à l'écran. C'est ma faute, je viens de faire une proposition à votre Margot et à ses amies. Je crois que leurs cris signifient qu'elles sont d'accord.

— Ah ben, je suis contente pour vous, les filles. Je vais retourner dans le salon avec ton père. Tu m'expliqueras tout ça plus tard, ma belle. OK ?

Et la mère de Margot referme la porte de la chambre de sa fille derrière elle sans même demander en quoi consiste la proposition de Marion. Margot soupire. Elle est visiblement abattue par le manque d'enthousiasme de sa mère. Le malaise qui plane dans la chambre semble affecter jusqu'à Marion dans son bureau du centre-ville.

— Et ça se passe où, cette fois ? que je demande. Berlin, Los Angeles, Hong Kong ?

— Est-ce que c'est à Paris ? J'aimerais tellement voir la Ville Lumière ! déclare Margot. On devrait essayer de prendre quelques jours de congé de plus pour faire un peu de tourisme.

— Ce qui serait vraiment cool, c'est un tournoi sur un bateau de croisière dans les Caraïbes, rêve tout haut Charlotte.

Même Marion ne peut s'empêcher de rire devant cette suggestion.

— Désolée de vous décevoir, les filles, mais ça aura lieu ici. La Guilde des *noobs* sera l'équipe hôtesse pour l'événement.

— Tu es certaine que ça ne pourrait pas se faire en République dominicaine ? insiste Charlotte.

— L'annonce du tournoi est encore sous embargo. Défense d'en parler à quiconque hormis vos parents. D'accord ? Notre équipe de marketing travaille fort pour organiser quelque chose de spécial pour le dévoilement. Ce serait dommage que ça se retrouve sur les réseaux sociaux avant l'heure. Je me fais bien comprendre ?

— Aucune inquiétude à avoir. On est capables de garder un secret. Pas vrai, les filles ?

— Motus et bouche cousue, promet Margot, notre responsable des médias sociaux.

— Excellent ! Je vais informer Patrick que vous serez des nôtres. Si vos parents ne s'y opposent pas, bien sûr. On se reparle très vite, les filles !

Dès la fin de la communication, j'ai le réflexe de sortir mon cell pour envoyer un texto à Sam, mais je me retiens en me rappelant l'avertissement de Marion. Margot fait la moue, elle aussi.

— Ce serait correct si je textais Simon pour lui apprendre la nouvelle ? C'est Simon. Il va tenir sa langue.

— Tu as entendu ce que Marion a dit : embargo total jusqu'au soir du dévoilement.

— C'est pas juste, ajoute-t-elle à l'intention de Charlotte. Toi, tu vas pouvoir l'annoncer à ton chum.

— Ben là, il fait quand même partie de l'équipe !

Par solidarité féminine, Charlotte décide de souffrir un peu avec nous.

— De toute façon, fait-elle remarquer, à cette heure, il doit déjà être dans les bras de Morphée… ou de Netflix.

— Faut tellement qu'on mette les bouchées doubles, les filles ! On peut pas se faire avoir comme la dernière fois. On était à ça de la victoire, que je leur rappelle.

Bon, c'est vrai : il nous aurait resté encore un match à disputer, contre RedBear, pour remporter le titre de champions de la *Ligue*. De plus, notre défaite nous a permis d'infiltrer la partie et de contrecarrer (temporairement) les plans du Spectre en l'empêchant de manipuler le résultat de la finale. Qui sait ce qui se serait produit si nous n'avions pas été là pour intervenir ?

Dans les jours qui ont suivi notre retour, Charlotte, Margot et Elliot m'ont questionnée sur les agissements de ce groupe mystérieux – en tant qu'unique hacker de l'équipe, c'est un peu moi l'experte par défaut. Je m'en suis tenue au minimum. Je leur ai dit que le groupe avait disparu dans les entrailles du *dark web*, ce qui n'est pas complètement faux, car le Spectre est effectivement un groupe secret. Elliot, malgré tous ses efforts, n'est pas non plus parvenu à trouver la moindre trace des hackers.

Mais c'était sans compter sur Gabryelle et moi : nous avons retrouvé Maxime Peterson et il nous a remis un programme nous permettant d'infiltrer le serveur du Spectre ! Enfin, moyennant un bon bidouillage du virus créé par celui-ci ! Disons qu'à ce stade-ci, rien n'est acquis.

Margot propose que nous nous dégourdissions les doigts, ce que Charlotte et moi acceptons avec enthousiasme. Quelques parties de *Ligue* nous feront le plus grand bien.

Les serveurs de KPS semblent engorgés ce soir, car le temps de réponse avoisine les trois cent quatre-vingts millisecondes. Pour un néophyte, ça paraît peu, mais je n'ai pas l'habitude de voir un trafic si intense. Généralement, on parle plutôt de cinquante à soixante-quinze millisecondes max. Un tiers de seconde, pfff ! aussi bien dire une éternité. Mes tirs ratent leur cible par un ou deux kilomètres, et mes ennemis m'explosent la tronche alors que je croyais m'être cachée derrière un obstacle.

— Argh ! que je rage. Je suis morte. Ça arrête pas de *laguer* ! Sérieux, c'est nul !

— *Reboote* ton ordi, me conseille Charlotte. On t'attend pour la prochaine.

Pendant que mes camarades prennent nos ennemis à revers et réussissent à les mitrailler avec succès, je redémarre mon portable. Dès que la routine de démarrage est terminée, je double-clique sur l'icône de *La Ligue des mercenaires* et me reconnecte aux serveurs de KPS. Cette fois, le signal est bon ! Stargrrrl apparaît dans le *lobby* du jeu. Mon avatar me renvoie un regard sombre. C'est bizarre. Il y a des jours où je pourrais jurer que Stargrrrl a l'air encore plus redoutable, qu'elle a hâte d'engager le combat, qu'elle n'attend que ça. Un peu comme s'il y avait une étincelle dans ses yeux. Ce soir, c'est tout le contraire. Même si elle se tient droite et qu'elle pourrait terrasser n'importe quelle menace se présentant devant elle, je décèle une sorte de fatigue, de lassitude chez elle. Peut-être est-ce moi qui lui prête des intentions. Après tout, ce n'est qu'un avatar.

Les filles me rejoignent dans le *lobby*. Aucun de nos contacts n'est en ligne – ni Nico, ni Mylène, ni aucun autre membre de Prop3rgol, ni personne d'autre –, alors nous décidons de laisser le serveur nous attribuer un partenaire aléatoire.

— C'est poche qu'Elliot ne soit pas là. J'avais un nouveau schéma de jeu qu'on aurait pu tester, que je déplore.

FlyBy_Knight rejoint notre équipe.

— On continue avec le même mode ? propose Margot.

— Moi, ça me va. Toi, Charlotte, ça te va ?

— Oui, oui. N'importe quoi.

— Salut, FlyBy ! Parles-tu français ? *You speak any French ? Are you OK with a classic four versus four ?* que je demande à notre camarade d'infortune, mais ma question reste sans réponse.

Qui ne dit mot consent, que je conclus après une ou deux secondes, avant de lancer la partie. Ce n'est pas tant que je manque de patience que je déteste perdre du temps, surtout qu'on est une majorité à être d'accord. Et c'est vraiment un détail, alors hein !

Je fais craquer mes jointures tandis que nos avatars se matérialisent à l'écran. La ville dans laquelle nous venons d'apparaître est détruite aux trois quarts. Un mélange de neige et de cendres tombe du ciel. Des gratte-ciel en ruines tiennent encore debout par je ne sais quel miracle – la glace, peut-être ? Ces nombreux immeubles, même en piètre état, nous offrent certes un abri pour avancer à couvert, mais ils constituent aussi des cachettes de choix pour des ennemis qui souhaiteraient nous tendre une embuscade.

— À mon avis, leur base devrait se situer dans ce secteur, au nord-est, que je dis en plantant un marqueur sur la carte commune. Charlotte, Margot, vous allez ouvrir la marche ; FlyBy et moi, on vous suit à une centaine de mètres.

Quelques caisses en bois remplies d'équipement en tout genre ont été laissées à notre point de départ. Il y a des armes et des munitions, des vestes de protection, des grenades pour les fins et les fous. ShanYiLi, Togram et Stargrrrl pigent dans le lot afin de se préparer à l'affrontement. FlyBy_Knight n'a toujours pas bougé d'un poil.

— Merde…

— Quoi ? dit Margot.

— Je pense que FlyBy est déconnecté. On va être trois pour la *game*.

Les filles grognent un coup. Mais nous acceptons notre sort : ce n'est ni la première ni la dernière fois que ça arrive. C'est juste poche de commencer la partie avec un désavantage.

J'ouvre la carte et l'étudie. Je clique afin d'agrandir une zone à l'écran ; j'ajoute un deuxième, puis un troisième marqueur avant de refermer la carte.

— Changement de stratégie, les filles : je pars en solo. Je devrais pouvoir trouver un bon point d'observation dans ces immeubles, que je dis en leur indiquant un des marqueurs. Vous, vous allez passer par ici. De cette façon, je vais pouvoir vous couvrir et garder un œil sur notre drapeau. Si ça chauffe trop, vous battez en retraite ici et je vous rejoins en moins de deux.

Je fais un *high five* à Charlotte, assise à côté de moi, qui le passe à Margot, car on est trop loin l'une de l'autre pour réussir à se taper dans la main.

Seule, je peux avancer vite. Mes quatre ennemis sont encore assez loin pour que je n'aie pas à me soucier de rester à couvert. À moins que la zone soit infectée de Centauriens… mais non. Mieux vaut miser sur la vitesse afin d'atteindre mon objectif le plus rapidement possible. Surtout qu'avec la neige et la cendre qui nous tombent dessus, pister les avatars ennemis sera un jeu d'enfant.

Togram et ShanYiLi vont de leur côté. Elles contourneront le centre-ville. Ça leur prendra plus de temps, mais elles risquent moins de se faire *sniper* ainsi.

Le gratte-ciel que j'ai choisi se dresse devant mon avatar tel un géant de fer et de béton. Si j'en juge à la quantité de débris dans la rue, une partie du rez-de-chaussée a été emportée dans une explosion. Faut dire que pas mal toute la ville a été pulvérisée par les bombardements.

Même si je n'ai vu aucun signe ni aucune trace de mes adversaires, je reste sur mes gardes. J'avance prudemment. Stargrrrl pénètre dans l'immeuble, trouve rapidement l'escalier de service et commence son ascension.

— Presque en position, que j'annonce sur le palier du quatorzième étage.

— Nous aussi, me répond Margot.

Je grimpe jusqu'au dix-septième. Ça peut paraître aléatoire comme nombre, mais je juge que c'est suffisamment haut pour veiller sur mes amies, et surtout, pour voir nos adversaires arriver de loin et les dégommer avant qu'ils ne deviennent une menace. Comme les fenêtres de cet étage ont, elles aussi, été soufflées par une explosion, cela m'évite d'avoir à tirer dessus et de dévoiler ma présence.

— La voie est libre, que j'annonce à Charlotte et à Margot après avoir examiné la zone qu'elles doivent traverser.

— Bien reçu !

Dans ma lunette d'approche, je vois Togram prendre les devants et se cacher, avant de faire signe à ShanYiLi de la suivre – bon, en réalité, Margot a juste dit « OK » à Charlotte, parce qu'elles sont l'une à côté de l'autre.

J'observe le chemin qu'elles auront à emprunter. Un mouvement attire mon attention.

Armé jusqu'aux dents, un avatar ennemi sort de sa cachette, court sur quelques mètres avant de se mettre à couvert.

— Ennemi en approche. Attendez… J'en vois deux. Ils sont à trois cents mètres de vous. Je dirais… quinze à vingt degrés à l'ouest. Restez planquées, ils se dirigent dans votre direction.

— On fait comme d'habitude ? demande Margot, une pointe de nervosité dans la voix.

— Bien sûr !

« Comme d'habitude », c'est forcer nos adversaires à commettre la première erreur. Togram attirera l'attention du premier, offrant du même coup une occasion à ShanYiLi de s'en débarrasser, alors que, du haut de mon immeuble, je devrai mettre le deuxième hors d'état de nuire.

Lorsque le premier avatar ennemi se trouve assez près, soit à environ cinquante mètres, Togram sort de sa cachette et bat en retraite. Aussitôt, l'avatar réagit : il met Togram en joue et tire dans sa direction, mais celle-ci est trop rapide et il ne frappe que du vide. Façon de parler, car les balles soulèvent de petits nuages de poussière en heurtant le sol. Togram trouve rapidement un nouvel endroit où se mettre à couvert et se couche derrière un énorme bloc de béton. Ouf ! Juste à temps, car le premier avatar a décidé de vider son chargeur. Une quinzaine de balles ricochent contre le bloc.

Les agissements de Togram ressemblent à s'y méprendre à ceux d'un scout solitaire, probablement *noob*, qui n'a pas encore assez d'assurance pour se mesurer à deux ennemis à la fois. Cela provoque toujours un excès de confiance chez les chasseurs, qui voient une proie facile à traquer et à abattre.

Le tireur fait signe à son ami de le suivre et se lance aussitôt en direction de Togram, avant d'en perdre la trace. Au moment où le premier passe près de ShanYiLi, toujours à l'abri des regards, je m'apprête à descendre le second d'un tir à la tête, ce qui donnera le champ libre à ma camarade afin qu'elle désarme le chasseur-croyant-chasser-mais-qui-était-en-fait-le-chassé et qu'elle le réduise en bouillie. C'est ce qui se serait passé normalement si mon écran n'avait pas viré au rouge. Une violente explosion vient de me priver de l'occasion de tuer mon ennemi !

— *What ?* que je fais, totalement prise au dépourvu.

Stargrrrl a perdu une bonne partie de ses points de vie sous l'impact, fort probablement à cause d'une grenade, à en juger par le bruit de la détonation.

Ce n'est pas de la vantardise : n'importe qui jouant plus de vingt minutes à la *Ligue* est en mesure de différencier la déflagration d'une grenade de celle d'une roquette, disons, ou d'une charge de C4. Être vantarde, j'ajouterais que je suis capable d'identifier les modèles de fusils automatiques grâce à leur pétarade, ce qui me donne une idée de la puissance, de la portée et du nombre de munitions que mon adversaire est en mesure de me tirer dessus avant de recharger. Mais je me garde une petite gêne, parce que, quand même, je suis un exemple d'humilité.

Étourdi par l'explosion de la grenade, mon avatar peine à se relever. Un nuage de poussière flotte dans la pièce. Une nouvelle déflagration.

Stargrrrl est touchée plusieurs fois et tombe au sol. Elle a besoin de soins d'urgence, mais n'a même plus la force de s'administrer un *med kit* par elle-même.

Je ne comprends pas ce qui se passe. C'est impossible que nos adversaires soient arrivés ici si vite, la distance est bien trop grande. Je les aurais vus !

Au travers du rouge de mon écran et de la poussière, j'aperçois une silhouette se dessiner. Alors que le nuage s'éclaircit, je reconnais FlyBy, le quatrième membre de notre escouade.

— C'est ben chien ! que je dis.

J'ajoute deux ou trois insultes en anglais pour être bien certaine qu'il me comprenne.

FlyBy_Knight me fait bye-bye de la main avant d'empoigner son AK-47 – une arme plutôt médiocre côté précision, si on me demande mon avis – et de tirer sur Stargrrrl.

— *See ya, bitch !* que je l'entends cracher dans son micro.

— Quoi ? Qu'est-ce qui est arrivé ? demande Charlotte.

— FlyBy est un traître. Il vient de me descendre, que je laisse tomber.

— Quoi ?

— Il vient de me descendre ! que je répète, frustrée. Pas juste un tir ami, non : il m'a assassinée ! Froidement et dans le dos.

— C'est ben con ! s'exclame Margot.

— Lâche ! *Coward !* rage Charlotte. Espèce de nul ! Tu perds rien pour attendre, gros cave ! *When I find you, I'm gonna make you regret being born an asshole,* le menace-t-elle.

La délicate Margot réagit mal à ce genre de menaces. Autant elle est mal à l'aise avec l'agression verbale de Charlotte, autant un fou rire s'empare d'elle à l'entendre cracher son venin. FlyBy_Knight, lui, s'en fout ; il n'a rien entendu, car cette fois, il s'est bel et bien déconnecté de la partie.

Si je voulais faire comme dans les films et exprimer ma frustration de façon claire, nette et précise, je fracasserais mon *laptop* sur un des murs de la chambre de Margot ; mieux encore, je le défenestrerais sans avoir ouvert la fenêtre préalablement (parce que c'est plus spectaculaire ainsi). Sauf que, cet ordi, j'en ai besoin pour l'école et que, sérieux, c'est pas comme si l'argent me sortait par les oreilles. Faudra qu'on m'explique pourquoi les rockeurs détruisent leurs guitares sur scène. Yan m'a déjà raconté que Jimi Hendrix, une légende du rock, avait même mis le feu à la sienne avec de l'essence à briquet, si je ne m'abuse. Mais je suis trop fru pour vérifier l'information sur internet.

Je me contente de soupirer et de croiser les bras en regardant Charlotte et Margot poursuivre la partie.

Mes camarades sont des combattantes, de véritables guerrières qui en ont vu d'autres. L'assassinat de Stargrrrl par le lâche FlyBy_Knight n'est qu'un vilain contretemps dans la concrétisation de leur mission. Togram s'est tout de suite relevée pour descendre le deuxième avatar en vidant le chargeur de son revolver, alors que ShanYiLi désarmait le premier avatar et le terrassait d'un puissant coup de matraque à la tête.

— Il s'est peut-être juste rendu compte qu'il avait pas le temps de terminer le match... propose Margot.

— Franchement, Margot ! rétorque Charlotte. Amorces-tu une nouvelle partie quand t'es déjà en retard et que tu dois courir après l'autobus ? Voyons ! C'est une violation au code d'éthique des joueurs. Ça se fait pas, saboter un match comme ça ! Ce gars-là a juste pas de morale.

FlyBy_Knight est un troll minable. Je devrais rapporter son geste aux modérateurs de KPS. Il mérite de se faire suspendre son compte quelques jours. C'est vrai, quoi ! Il aurait pu torpiller le match en entier. Mais quelques secondes après que je me suis fait éliminer et que le traître s'est déconnecté, mes camarades ont égalisé les chances. J'en oublie ce faux jeton de FlyBy.

Margot repère les deux derniers avatars. Cachés près de leur base, ayant un accès facile à leurs réserves de munitions, ils sont prêts à tenir un siège. Leur avantage stratégique est indéniable, mais c'est sans compter sur la débrouillardise de mes amies.

Alors que Charlotte attire leur attention en feignant une attaque frontale, Margot fait le grand tour, contourne leur base pour les prendre à revers. Les tirs de ShanYiLi ne font que peu de dommages, les deux derniers avatars s'assurant de rester à l'abri.

L'écran de Charlotte clignote plusieurs fois en rouge, signe qu'elle vient de se faire toucher. Cette fois, son avatar se cache sans avoir tiré.

— Ouch ! fait Charlotte.

— Es-tu correcte ? demande Margot.

— Oui, c'est juste que le salaud m'attendait. J'utilise mon dernier *med kit*.

— OK. Attire leur attention.

L'avatar de Charlotte bondit de sa cachette et court en direction d'un gros rocher qui pourrait lui offrir une meilleure protection. Les rafales ne se font pas attendre et les balles frappent le sol tout autour d'elle. Charlotte geint alors que ShanYiLi se fait toucher par les tirs ennemis.

— Ahhhhhh ! Fiou ! Rendue. Presque morte, par contre.

Son écran est taché d'éclaboussures écarlates, indiquant qu'elle n'est qu'à un doigt de la mort virtuelle.

Togram a profité de la distraction pour passer à l'action. Dès que ShanYiLi est sortie de son trou, elle a lancé une grenade en direction de ses adversaires. L'explosion a projeté les deux avatars au sol. Togram a ouvert le feu sur celui qui était le plus près d'elle, ce qui s'est révélé être une erreur. Celui-là était déjà à terre, en train de mourir. Il ne représentait plus un danger immédiat. Son collègue a saisi l'occasion pour tirer une terrible salve qui a eu raison de Togram avant qu'elle ne puisse s'occuper de lui.

— *Damned !* dit Margot. J'étais en train de lui tirer dessus, pis il m'a descendue quand même. Tricheur !

Non, ce n'est pas un tricheur ; mais c'est un peu une règle non écrite : ceux qui nous battent sont *forcément* de sales tricheurs. Mieux vaut être mauvais perdant qu'avouer qu'on a été battu par plus fort que soi. Enfin, entre *gamers*, on se comprend.

Charlotte hésite.

— Qu'est-ce je fais ? J'ai genre trois points de vie.

— Les deux premiers avaient pas de *med kits* sur eux ? demande Margot.

— Pas le premier. As-tu fouillé l'autre ?

— Non, je pensais que tu t'en occupais.

Charlotte grogne son découragement.

— Il doit être en train de se soigner. Attaque-le tout de suite ! que je propose, tandis que Margot est d'avis contraire.

— C'est un *noob* qui a été chanceux. Bats en retraite, trouve des soins et reviens à la charge. Je suis certaine qu'il va t'attendre au même *spot*.

Le *noob* résout la question pour nous en éliminant ShanYiLi grâce à un *headshot*.

— *What ?* fait Charlotte.

— OK, ça, c'était un tir chanceux, que je dis, alors que Margot s'esclaffe.

On est vraiment trop nulles.

Margot se lève d'un bond et déclare qu'elle a besoin d'une pause pipi. Plutôt que de l'attendre, je fais un clin d'œil à Charlotte et j'amorce une nouvelle manche.

— Eille ! Pas cool, les filles ! nous lance-t-elle depuis le couloir en entendant la musique annonçant le début de la partie.

— T'avais qu'à te retenir !

— Mghchsmcmp cghtoaad !

La subtilité de sa répartie se perd derrière la porte de la salle de bain.

Deux partenaires nous sont attribués de façon aléatoire par les serveurs de KPS. L'un d'eux, Po0pfruit, pour ne pas le nommer, a choisi un *skin* plutôt voyant qui a dû lui coûter la peau des fesses. Son uniforme ressemble à l'un des premiers costumes de Wolverine, du temps des *comics* et du dessin animé. Il ne lui manque que le masque pour compléter l'uniforme en lycra jaune et bleu. L'autre se surnomme ThaKillaZ_Back (« le tueur est de retour »). Pffff ! En plus de ce nom ridicule, cet avatar est tout ce qu'il y a de plus générique. On jurerait que le joueur le contrôlant a accepté tous les réglages initiaux de base lors de sa création, sans même se donner la peine de personnaliser son être virtuel. Je soupire intérieurement. Des deux, je ne sais lequel est le plus ridicule : celui qui fait des cacas fruités ou l'autre, qui pense intimider ses adversaires avec un nom aussi… primitif. Le talent d'un joueur étant (de façon générale) inversement proportionnel à la menace inscrite dans son nom d'avatar, je classe automatiquement celui-ci comme étant un pur *noob*. J'espère pour nous qu'il ne sera pas aussi pourri que son nom.

Ni ThaKillaZ_Back ni Po0pfruit ne répondent à nos requêtes d'activer leur micro, ce qui est un peu nul, parce que le ratio parties jouées/parties gagnées est toujours plus élevé quand les quatre joueurs collaborent. Jouer « seuls en gang », c'est poche, franchement. Au moins, Charlotte est avec moi.

Dès que la partie commence, ThaKillaZ_Back se dirige vers l'équipement, empoigne un couteau de chasse et bondit sur Stargrrrl pour la poignarder sans ménagement. Stupéfaite, je fixe mon écran une seconde sans comprendre ce qui se déroule devant mes yeux. Puis je me secoue et, d'un clic, je libère mon avatar de l'emprise de mon assaillant en le repoussant d'un bon coup de pied au sternum. Celui-ci se relève comme s'il était possédé par l'esprit de Chucky. Avec un regard terrifiant, il se lance à nouveau sur Stargrrrl, prêt à l'achever, mais une rafale vient mettre un terme à son attaque. ShanYiLi vient de vider un plein chargeur sur lui. Elle éjecte le chargeur en le laissant tomber au sol et en insère un nouveau, pointant aussitôt son arme sur Po0pfruit, qui a mis Stargrrrl en joue.

— Laisse tomber ton arme, ordonne fermement Charlotte, en faisant un pas vers notre « allié ».

— Ah, *come on* ! C'est Stargrrrl ! répond Po0pfruit en me désignant, comme si c'était une évidence. Tu sais c'est qui, au moins ?

— Explique-moi, que je comprenne, dit-elle pendant que la vie de mon avatar s'égoutte un pixel à la fois.

— Stargrrrl, c'est elle qui a fait exploser le réacteur de la Montagne. Tu sais c'est quoi, la

Montagne, au moins ? lui demande-t-il, comme si Charlotte était fraîchement débarquée dans la *Ligue*.

— Tu me prends pour qui ? lui lance-t-elle, insultée.

— On sait jamais... *Anyway*, si tu es le moindrement active sur la *Ligue*, tu sais très bien qu'elle fait juste foutre le bordel.

L'envie me prend de lui crier qu'il a tout faux, mais je me retiens. Po0pfruit poursuit :

— Il y a des milliers de joueurs dont les crédits et le stock sont encore coincés dans les entrailles de la Montagne à cause de son opération bancale. Moi, je m'en suis sorti pas trop mal, mais j'ai des amis qui sont dans la merde à cause d'elle. Sans compter que tout le monde dit que c'est une tricheuse.

— Pis tu crois ce que tout le monde dit ? demande Charlotte.

— Tu sais bien qu'il y a toujours un fond de vérité dans ces histoires-là. Ça sort pas de nulle part, certain ! se justifie Po0pfruit. Bref, quelqu'un a lancé l'idée sur un forum qu'il fallait lui faire payer son erreur. J'ai vu ça hier. Je pense qu'il veut faire une compilation de ses morts. C'est tellement un coup de chance de tomber sur elle aussi rapidement. Sois cool ! Fais pas ta *bitch, come on* ! Je suis prêt à te virer, mettons, cinquante mille crédits… non, cent mille crédits ! corrige-t-il aussitôt.

C'est une somme considérable. ShanYiLi ne répond pas tout de suite. L'avatar de Charlotte baisse son arme d'un poil, me regarde une seconde avant de reporter son attention sur Po0pfruit.

— Pour faire quoi ? questionne Charlotte, comme si elle était intéressée par l'offre.

— Tu me laisses la tuer. Pis genre, je sais pas, je lui fais un *tea bagging*. Ça va valoir de l'or, cette séquence. C'est sûr que je vais devoir faire un montage, parce que là, ça manque de rythme, mais après, je vais mettre ça sur YouTube. Ça va être super drôle ! Je peux même partager les revenus avec toi, si j'ai assez de vues. Allez, la presse-t-il. *Come on !* Les autres vont arriver !

Dans la chambre, je sens qu'une faille vient d'apparaître dans l'armure de zénitude de

Charlotte. Mon amie serre les dents et les poings avant de répondre à Po0pfruit.

— C'est une offre généreuse, mais non, merci, dit-elle avant de vider le contenu de son chargeur.

Chapitre 7-9

Six. Six heures. Un samedi matin.

Et mon réveil sonne.

Urgh.

Un grognement me parvient de la chambre de mon père. Je fais un effort monumental pour me tourner, tendre le bras hors de ma couette (brrrr !) et éteindre l'alarme avant qu'elle ne le réveille.

Mais quelle idée stupide ! J'ai bien envie de fermer les yeux et d'abandonner mes complices à leur sort. Apprendre le secret d'Elliot me paraît bien peu important en comparaison avec deux, voire trois heures de sommeil supplémentaires... ou même quinze misérables minutes. Surtout que je faisais le rêve le plus agréable ! Hum...

Deux nouvelles alarmes m'incitent fortement à me tirer du lit.

— Foutu Elliot... que je grommelle en mettant le pied hors du lit afin d'éteindre mon cell, laissé délibérément dans le coin opposé de ma chambre, et l'alarme programmée sur mon ordi.

La moi d'hier a vraiment pensé à tout pour que la moi de ce matin n'ait pas d'échappatoire. Quelle emmerdeuse, celle-là !

Je débranche mon téléphone intelligent de son chargeur et désactive le mode nocturne. Aussitôt, mon cell vibre brièvement dans mes mains. Charlotte nous informe, Margot et moi, qu'elle est déjà en place pour notre opération d'observation.

Franchement ! Elle a presque quarante minutes d'avance sur l'horaire !

Je saute rapidement dans la douche afin de me réveiller un peu, puis m'habille chaudement pour la mission qui nous attend. Une vingtaine de minutes plus tard, je rejoins Charlotte sur le trottoir et lui tends une tasse Thermos.

— Chocolat chaud, que je lui précise. Brûlant, même ! Fais attention.

— Ahhh, merci ! me dit-elle en prenant une mini-gorgée. J'étais en train de me transformer en glaçon. Rappelle-moi c'était l'idée de qui de se pointer aussi tôt ?

— La tienne.

— Ce que je peux être conne, des fois, lâche-t-elle au milieu d'un frisson.

— J'ai parlé à Margot. Elle va être à son poste dans cinq minutes.

— Cool…

— Belle tuque ! que je commente en voyant l'horrible chose brune qui orne sa tête.

— Merci. Je l'ai piquée à mon grand-père. J'espère qu'on ne va croiser personne qu'on connaît, parce que c'est vraiment l'horreur. Au moins, j'ai pas froid à la tête. Je gèle des pieds, mais j'ai la tête bien au chaud.

Quant à moi, j'ai emprunté le manteau de ski de mon père ainsi que sa tuque du Canadien. Lorsque Charlotte me fait remarquer que mon accoutrement rouge vif est tout sauf discret, je lui souligne la finesse de ma réflexion. Mon manteau d'hiver est noir et mes tuques sont soit noires, charbon, ou gris très, très, très foncé. Un costume aussi voyant est donc un camouflage parfait, car Elliot ne s'attendra jamais à me voir dans cette palette chromatique.

— C'est de la psychologie inversée !

— Tu te caches en plein jour. Pas fou... Oh ! Chut, chut, chut ! C'est lui. Regarde pas, il va nous voir.

De l'autre côté de la rue, la porte de l'appartement sous surveillance s'ouvre et Elliot en sort, coupant court à notre réflexion à propos du camouflage urbain le plus efficace. Il ne porte pas de tuque et ne se donne même pas la peine de relever son capuchon afin de se protéger du froid. Je remarque qu'il trimbale un grand sac de sport, mais avec Charlotte qui me force à faire dos à Elliot, je n'arrive pas à voir s'il y a un logo sur celui-ci.

Charlotte tire sur la grosse tuque brune de son grand-père et se l'enfonce sur le visage afin de dissimuler ses traits. Brillant de subtilité.

Pour ne pas attirer l'attention de notre cible, nous nous séparons et partons chacune de notre côté. Je fais quelques pas avant de m'accroupir pour « attacher » une de mes bottes. J'en profite pour activer la caméra frontale de mon cell. En le tenant juste au-dessus de mon épaule, ça me permet de surveiller Elliot qui s'éloigne derrière moi.

Il ne se doute de rien.

Dans le coin de mon écran, je vois Charlotte qui avance péniblement. Ses hanches se balancent de façon irrégulière, comme si tout un côté de son corps venait de paralyser subitement.

Qu'est-ce que tu fais ?

Camouflage !

Pour qu'Elliot ne reconnaisse pas ma démarche.

On dirait surtout que tu utilises un gant de crin comme protège-dessous.

Avec cette claudication exagérée, Charlotte a l'air ridicule. Elle ressemble à une *cowgirl* ayant participé à un rodéo de trop. En plus, c'est totalement inutile : Elliot est devant elle, il ne peut pas la voir !

Pour que notre cible ne sorte pas de notre champ de vision, nous pressons le pas. Je marche sur le même trottoir qu'Elliot, m'assurant de conserver une bonne vingtaine de mètres de distance avec lui, tandis que Charlotte est à peu près à ma hauteur sur le trottoir opposé.

Elliot prend une rue perpendiculaire, traverse l'intersection au pas de course et se dirige vers l'avenue la plus proche.

Cible en vue.

Le texto de Margot nous confirme qu'Elliot se dirige vers la bouche de métro la plus près. Nous avons déduit hier soir que c'était son itinéraire le plus plausible et avons posté Margot à une intersection stratégique en conséquence, au cas où Elliot nous échapperait.

En tournant le coin de la rue, je reconnais tout de suite Margot au loin… qui ne s'est pas déguisée, comme elle l'avait pourtant suggéré.

Elle tient une canette de boisson énergisante à la main... ce qui la rend encore plus facilement reconnaissable. Et Elliot qui se dirige droit vers elle !

Je la texte en vitesse.

Idole en viande !

Frak !

Impossible de faire pire comme message ! Autocorrecteur de mes fesses ! Je dois vraiment penser à le désactiver. C'est pas possible les fautes qu'il me fait faire. Au lieu de corriger mes erreurs, il remplace mes mots par d'autres qui n'ont rien à voir avec mon intention première ! Si la diplomatie était exercée par tweets et textos, ç'aurait fait belle lurette qu'une intervention d'un autocorrecteur zélé nous aurait tous plongés dans une Troisième Guerre mondiale.

Face à mon message cryptique, Margot me répond :

?

Il va te reconnaître ! Cache-toi !

Se rendant compte de sa position fâcheuse, Margot regarde à gauche, puis à droite, avant de disparaître dans le magasin le plus près.

Le feu est rouge, Elliot s'immobilise à l'intersection. Afin de conserver une distance sûre, Charlotte et moi figeons sur place. Elliot sort son téléphone et pianote quelques secondes sur celui-ci avant de le ranger dans sa poche. Un ding résonne sur le cell de Charlotte, à qui il vient d'envoyer un petit mot doux. L'alerte parvient aux oreilles d'Elliot, qui relève la tête et observe instinctivement autour de lui.

Fraaaaak !

J'essaie de me mouler dans une entrée afin de rester à couvert. Charlotte, elle, plonge dans une ruelle. D'où je me tiens, je la vois qui se tient plaquée contre le mur d'un triplex, à l'abri du regard de son copain.

Zéro suspect comme manœuvre ! Bra-vo. Je ne serais pas étonnée qu'une grand-mère un peu nerveuse nous observant par la fenêtre de sa cuisine lance la police à nos trousses.

Elliot s'avance dans l'intersection. Je fais signe à Charlotte d'attendre encore un moment avant de le suivre. S'il nous voit lui courir après, tout ça n'aura servi à rien. Charlotte n'en peut plus. Elle trépigne sur place. D'un signe de la main, je lui fais signe de patienter. Elliot met le pied sur le trottoir ; je juge que c'est le moment de bouger.

Charlotte et moi sortons de notre cachette. Nous pressons le pas afin d'atteindre l'intersection avant de perdre la priorité, car malgré l'heure matinale, la circulation automobile se fait déjà intense sur l'avenue.

Margot sort de la boutique où elle avait trouvé refuge. Les secondes s'égrènent au compteur. Notre amie nous fait signe de nous dépêcher. Avec moins de deux secondes en banque, elle traverse la rue au pas de course.

— Allez ! me crie Charlotte, mais nous arrivons trop tard.

Les voitures se mettent en branle et nous empêchent de passer.

De l'autre côté de la rue, Margot nous demande ce qu'elle doit faire. Charlotte et moi lui mimons de suivre Elliot de loin, mais pas trop, sans le laisser disparaître de son champ de vision, mais sans révéler sa position non plus.

Elliot se dirige vers l'entrée du métro, suivi de près par Margot qui avance derrière lui comme une ombre. Elliot est vraiment tête en l'air. Il marche dans la ville comme si rien ni personne n'existait autour de lui. Si notre opération de surveillance concernait n'importe qui d'autre, cela ferait longtemps que notre cible nous aurait repérées, toutes les trois.

Le feu rouge est interminable, bien plus long que d'habitude. C'est un vrai complot ! La fois où on est pressées, la lumière n'est pas foutue de changer, et bien sûr, il n'y a pas de bouton d'appel à ce coin-ci. Urgh ! Et Elliot qui s'éloigne de plus en plus.

Charlotte n'en peut plus. Elle profite du fait qu'il y ait un peu moins de voitures pour traverser la rue au pas de course.

— Et merde ! que je me dis en l'imitant.

Un furieux coup de klaxon me fait reculer sur le trottoir. Un autobus passe devant moi. Une des roues du mastodonte frappe un nid-de-poule de plein fouet sans que le bolide ralentisse sa course. Le conducteur n'a même pas essayé d'éviter le trou. J'avale péniblement en imaginant la collision qui aurait pu se produire…

Faut vraiment que tu fasses plus attention, Laurie. Tu n'habites plus à la campagne.

Je n'ai pas vraiment le temps de réfléchir à tout ça : j'analyse le trajet des voitures et profite de la première occasion pour traverser la rue et rejoindre Charlotte.

— Qu'est-ce que tu fais ? me presse Charlotte. Margot vient de me texter, elle le suit dans la station.

Nous courons. Il n'y a personne sur le trottoir, enfin, presque personne, à part une dame transportant des sacs d'épicerie que j'ai bien failli plaquer au sol en tentant de la doubler. Dans la station de métro, Charlotte et moi déboulons les escaliers mécaniques à toute vitesse. Elle présente sa carte sur le lecteur et passe la barrière.

— Allez, allez ! Le métro arrive !

Je fouille dans mes poches, mais ne trouve pas ma carte d'accès.

— Laurie ! Allez ! fait Charlotte.

J'ai dû la laisser à l'appart dans mon autre manteau. Tant pis. Alors que je vais sauter par-dessus la barrière et courir jusqu'à la rame, je vois deux agents de sécurité s'approcher, ce qui me coupe l'envie de jouer à la criminelle. Urgh.

Charlotte s'énerve. J'entends le métro qui ralentit sur le quai. Je replonge mes mains dans mes poches, sens quelques pièces de monnaie, juste assez pour payer un passage. Je me dirige vers le comptoir, mais la dame aux sacs d'épicerie est là, en grande conversation avec l'employé qui lui explique patiemment où elle doit placer sa carte afin que les barrières s'ouvrent. Elle s'y prend une fois, deux fois, échappe la carte par terre, retente le coup une troisième fois avant que l'employé ne la prenne en pitié et lui ouvre la voie. CE QU'IL AURAIT PU FAIRE IL Y A TROIS MINUTES ! Parce que maintenant, le métro quitte le quai.

Charlotte se prend la tête, découragée.

— T'es vraiment nulle, me dit-elle, lorsque je la rejoins.

— Je sais, que je confirme.

Il n'y a qu'à moi que ça peut arriver. Au moins, Margot est avec Elliot. Quelques minutes plus tard, nous recevons un texto de sa part nous informant de la station où notre cible est descendue.

— Moi, je pense qu'il a un emploi secret, que je dis à Charlotte en prenant place dans la rame de métro suivante. Genre qu'il travaille dans une buanderie.

— Une buanderie ?

— Qui serait une façade pour la mafia russe, que je complète.

— Penses-tu... penses-tu qu'il y a des chances qu'il voie quelqu'un d'autre ? me demande-t-elle après un moment.

— Quelqu'un d'autre comme une autre fille ?

— Ouin. Je le dis et je sais que ça a pas d'allure, rigole-t-elle. Mais ça me trottait dans la tête hier soir. Pour quelle autre raison est-ce qu'il se cacherait ?

La proposition me paraît complètement ridicule.

— Attends, ça a aucun sens, ce que tu dis. Elliot qui aurait une blonde à temps partiel, le samedi matin ? De un, c'est pas son genre. De deux, je serais moins étonnée d'apprendre que son père lui a fait une demi-sœur, et qu'Elliot, qui a découvert qu'elle a été abandonnée, elle aussi, va lui donner un coup de main de temps en temps.

— Tu as probablement raison, avoue-t-elle.

Alors qu'on sort du métro, nos cells sonnent de manière synchronisée. Margot vient de nous texter une adresse. Tout de suite après, elle ajoute :

Vous n'allez pas en croire vos yeux !

Chapitre 7-10

Margot a raison : nous n'en croyons pas nos yeux. Maintenant que nous avons appris la vérité, celle-ci nous semble encore plus farfelue que ce que nous aurions pu imaginer. Qu'Elliot fasse partie de la pègre était plus plausible.

— Ahhh... que je laisse tomber pour la millième fois.

— Sérieux, les filles, c'est pas du tout ce à quoi je m'attendais, déclare Margot.

— Moi non plus, que je dis.

Charlotte, elle, est sans voix.

Du peu que je sais de l'architecture, l'immeuble est typique des constructions du siècle dernier. À l'intérieur, le plancher du couloir est fait de minces lattes de bois verni (jaunies) qui craquent à chacun de nos pas ; les murs, eux, ont connu des jours plus blancs ; l'air est chaud et sec, à cause du système de chauffage antique.

La porte devant laquelle nous nous tenons est dotée d'une petite fenêtre à travers laquelle nous pouvons voir la salle d'entraînement où Elliot est en train de danser. Pas danser-danser comme lorsque je danse dans ma chambre ou dans un party, ce qui consiste surtout à sauter sur place, à me trémousser les fesses et à dodeliner de la tête de façon plus ou moins vive selon le rythme de la musique ; non : vraiment danser.

Bouche bée, nous passons près d'une heure à observer Elliot et sa troupe danser sur la même chanson – qui n'en est pas vraiment une ; ce n'est qu'un *beat* de *drums*. La prof, une femme noire aux *dreads* impressionnants, interrompt souvent le groupe pour donner des directives et corriger les mouvements des danseuses. Je dis danseuses, car, comme dans la Guilde, Elliot est le seul gars de la gang. Quand les filles (et Elliot) dansent, on croirait qu'une conscience collective anime leurs membres. Leurs mouvements sont synchrones, de vrais copier-coller. C'en est troublant.

À la fin de la routine, la prof annonce une pause et les danseuses vont chacune chercher leur bouteille d'eau ou une serviette pour s'éponger. En se retournant, Elliot ne peut faire autrement que d'apercevoir sa blonde, car celle-ci est entrée dans la salle, avec Margot et moi à sa suite. Surpris, il s'étouffe avec sa gorgée d'eau avant de lui demander, confus :

— Charlotte ? Qu'est-ce que tu fais ici ?

— Bonjour ! nous dit la prof. Elliot, tu ne nous avais pas dit que tu avais des amies qui venaient assister à la répétition. Tu nous les présentes ?

— Euh... bien sûr, hésite Elliot, qui est soudain blême comme un drap. Tout le monde, voici mes meilleures amies, Margot et Laurianne, ainsi que Charlotte, ma euh... ma blonde.

— Moi, c'est Simone, nous dit la prof de danse en nous tendant la main. Mettez-vous à l'aise. Vous pouvez lancer vos manteaux dans le coin de la salle ; c'est un vrai sauna, ici. On va reprendre dans quelques minutes.

Un léger malaise plane entre Elliot et nous trois. Charlotte brise finalement la glace.

— On t'a suivi, dit-elle.

— Quoi ?

— On t'a suivi. On était à l'extérieur de chez toi ce matin et on t'a suivi jusqu'ici. Tu nous as presque échappé parce qu'on a eu un petit problème avec un feu de circulation, mais Margot était sur tes talons. On était tannées que tu disparaisses tous les samedis avant-midi sans savoir pourquoi. C'est un peu à cause de ta mère, tout ça...

Elliot frappe dans son poing.

— Faut pas que tu lui en veuilles, que je dis. Ta mère ne nous a rien dit. Mais chaque fois qu'on appelait chez toi le samedi, elle avait de plus en plus de difficulté à te trouver des excuses. C'était juste normal qu'on se mette à enquêter.

— Tu devrais pas lui demander de mentir à ta place, ajoute Margot, un peu en retrait.

— Je peux te poser une question ? Depuis quand tu suis des cours ? l'interroge Charlotte.

Elliot rougit un peu. Il prend une grande inspiration avant de répondre :

— Bah... J'étais en deuxième, troisième année quand j'ai commencé. Fait que j'avais genre huit ans, je crois.

Autrement dit, il danse depuis toujours ! Cette fois, c'est nous qui nous étouffons. Charlotte et moi, pour être précise, car Margot, elle, ne peut retenir un rot un peu dégueu après avoir bu une gorgée de sa boisson énergisante.

— Scusez, dit-elle en agitant l'air de sa main.

— On se connaît depuis la première journée du secondaire, Elliot Morin, et tu ne m'as jamais rien dit ! remarque Charlotte.

— Pourquoi j'ai l'impression d'être assis dans le banc des accusés ? Laurie nous a caché des affaires ben plus importantes que ça, pis on n'a jamais organisé de cabale pour l'espionner.

— Essaye pas de détourner l'attention, bonhomme, que je le coupe. C'est de toi qu'on parle.

— Mais pourquoi t'as jamais rien dit ? reprend Charlotte, confuse et un peu triste.

Elliot hausse les épaules et fait une grimace un peu gênée.

— C'est compliqué...

— As-tu honte ? demande Charlotte.

— Ben non, voyons !

— Mais comment tu expliques ça d'abord ?

— Par habitude ? Je veux dire... bafouille-t-il, pour se reprendre aussitôt. Mes premiers cours, c'était des cours de ballet. Je me suis tellement fait niaiser ! Je me faisais traiter de tapette et de mauviette. Il y avait une petite gang de gars menée par Zack qui prenait un malin plaisir à me martyriser.

— Zach était là-dedans ? que je dis, surprise.

— Pas Zach-*Zach*, un autre Zack. Avec un k, celui-là. Bref, eux, ils étaient en six et moi en trois, et ils s'amusaient à me plaquer dans les cases et à me *flusher* la tête dans les toilettes de l'école.

Même si ce n'est pas drôle, je ne peux m'empêcher de rire un peu intérieurement, en imaginant Elliot, tenu la tête à l'envers au-dessus d'une toilette par des grands de sixième. Il ne l'a pas eu facile, le pauvre.

— Pauvre Elliot... que je dis en retenant un sourire.

— Même ceux qui se disaient mes amis trouvaient ça comique de me niaiser. À un moment, j'ai vraiment eu le goût de tout laisser tomber. Fait que c'est ce que j'ai dit à l'école. C'est ma mère qui a eu l'idée.

— Attends, je ne comprends pas. Ta mère a eu l'idée que tu abandonnes tes cours ? demande Margot.

— Non. Juste de raconter que j'avais abandonné, tout en poursuivant mes cours en cachette. J'ai continué à être le *punching bag* de Zack et de sa gang, mais ça a été moins pire à partir de là. Quand je suis arrivé en secondaire un, y avait presque personne de mon école primaire, ça aidait. Mais je ne voulais pas tenter le diable par la queue, alors j'ai tenu ça mort. Pis après... je sais pas trop, dit-il en passant une main dans sa chevelure touffue. Es-tu fâchée ?

— Un peu, répond Charlotte en lui donnant une tape à moins de 30 % de sa puissance.

— Je suis vraiment désolé de t'avoir caché ça pendant si longtemps. À vous aussi, bien sûr. J'étais prisonnier de mon mensonge, esclave d'un *pattern* qui, à l'origine, devait me sauver, mais qui s'est retourné contre moi. Et Laurie sait à quel point c'est difficile de se libérer d'un mensonge...

— Hé ! que je proteste. Arrête de me mêler à tes histoires ! Et j'aimerais juste dire que t'es pas doué pour les cachotteries, Elliot Morin. Je te confierais pas un secret, même si l'avenir de l'humanité en dépendait.

— Vraiment ?

— Elle a pas tort, renchérit Margot.

— Toi aussi, Margot ? Pourtant, j'ai des années de danse en secret derrière la savate qui prouvent le contraire. Charlotte, *come on*, dis-moi que tu es de mon bord !

Se sachant perdue, celle-ci lève les yeux au ciel pour tenter d'éviter le regard de son chum.

— Les filles ! Vous me tuez ! fait Elliot, faussement heurté.

— En fait, il y a une question que je me pose… dit Charlotte.

— Quoi donc ? demande Elliot.

— Ben… T'es-tu bon ?

Deux filles de la troupe reviennent à ce moment dans le local. La première, une jeune Noire à l'assurance de Shuri, attrape la question au vol.

— Il est *hot*, notre Lili !

— Trop ! confirme son amie.

Margot, Charlotte et moi échangeons un regard et un grand sourire. Nous savons exactement comment nous allons faire payer cet « oubli » à Elliot.

— *Lili ?* fait Charlotte.

— *Oh my God*, c'est tellement excellent ! que je m'esclaffe.

— C'est pas ce que vous croyez, se défend-il. C'est juste pour rire.

— Tu peux être certain qu'on va en profiter pour rire, nous aussi, lance Margot.

— S'il vous plaît, les filles ! Faut pas que ça sorte d'ici. Si quelqu'un apprend mon surnom à l'école, je suis foutu ! Vraiment ! Dites-moi ce qu'il faut que je fasse pour que ça reste entre nous, nous supplie-t-il.

Charlotte sourit – un sourire triomphant (et légèrement diabolique) que je reconnais tout de suite. Pas besoin de formuler une requête particulière, elle n'a qu'à lever un sourcil (ce qui est vraiment plus facile à dire qu'à faire, parce qu'à part Leonard Nimoy (le Spock original), Zachary Quinto (Spock version J.J. Abrams), Ethan Peck (Spock de *Discovery*) – je me rends compte que c'est probablement un prérequis de savoir lever un seul sourcil pour interpréter Spock –, Jean Dujardin ainsi que Dwayne « The Rock » Johnson, ah oui ! et aussi Jack Black, et Charlotte… bon, j'allais dire que je ne connais personne capable de faire ça, mais ma liste tend à me prouver le contraire).

Elliot sait qu'il ne peut pas se défiler. S'avouant vaincu, il va voir Simone pour lui glisser quelque chose à l'oreille. Celle-ci saisit son iPod. Une version *dubstep* de *Harder, Better, Faster, Stronger* de Daft Punk résonne aussitôt dans les haut-parleurs de la salle.

Elliot revient vers le centre de la salle en marchant au rythme de l'intro de la musique électronique. Les autres membres de la troupe reconnaissent l'air, car elles lâchent des *yes* enthousiastes et tapent des mains en formant un cercle autour de « notre Lili ».

Lorsque le *beat* embarque, Elliot commence à danser. Ses membres bougent de façon saccadée. Une secousse lui part du pied gauche et lui remonte le corps au rythme de la musique. Elliot parvient à contracter ses muscles et à les faire tressauter, comme s'il était éclairé par un stroboscope. En voyant ces mouvements complètement déments, les filles crient et applaudissent la finesse et l'adresse d'Elliot. Margot, Charlotte et moi sommes toutes trois bouche bée devant les prouesses de notre ami.

— C'est malaAADE ! lance Margot en regardant Elliot flotter et tourner sur le plancher de danse tel un automate.

— Heu, c'est normal que je sois tout émoustillée ?

— Bas les pattes, Laurianne ! Lili, c'est *mon* chum !

De toute évidence, ce n'est pas la première fois que Lili effectue cette chorégraphie, car certaines filles se joignent à la danse et se mettent à calquer ses mouvements pour l'accompagner lors des dernières mesures de la pièce.

— Pis ? demande Elliot en revenant vers nous, une fois le tube de Daft Punk terminé.

— Pas si mal, bluffe Charlotte.

— T'avais l'air un peu rouillé… que j'ajoute en fronçant les sourcils.

— Quoi ?

— On te niaise, avoue rapidement Margot. C'était é-cœu-rant !

Simone nous informe que le groupe doit reprendre l'entraînement. Elliot/Lili nous sourit. Satisfait de nous en avoir mis plein la vue, il promet qu'il ne nous cache aucun autre secret de cette envergure. On se donne rendez-vous comme prévu plus tard à La Grotte.

Juste avant que nous sortions du local, Elliot court en notre direction. Il serre Charlotte dans ses bras et l'embrasse. Voyant ça, les filles de la troupe ne peuvent s'empêcher de hurler d'excitation.

Chapitre 7-11

Les samedis sont des journées occupées pour Guillaume, encore plus lorsqu'un jeu très attendu vient de faire son entrée sur le marché. Des parents viennent chercher un exemplaire dudit jeu qu'ils ont réservé pour leur enfant, et profitent souvent de l'occasion pour en acheter un deuxième en solde. Guillaume le sait et conserve ses meilleurs *deals* pour ces journées-là. Des jeunes viennent flâner dans le magasin, examiner les derniers arrivages. Une femme feuillette un magazine techno tandis que sa fille explore les *comics*. Je reconnais dans ses mains le dernier numéro de *Captain Marvel*. Dans la salle de jeu, trois gars et deux filles que j'ai déjà croisés à l'école jouent à *La Ligue des mercenaires*, mais les murs de verre nous empêchent d'entendre les détails de l'affrontement.

Fidèle à son habitude, Margot, assise à notre table, a sorti son cahier à dessin et griffonne. « Griffonner » n'est sûrement pas le bon mot. Ses dessins n'ont jamais rien de brouillon. À ses côtés, Charlotte prend de l'avance dans ses lectures. Elle en est presque à la moitié du roman que madame Languedoc nous fait lire pour la prochaine évaluation.

— J'espère qu'ils vont se faire *perm-ban*, répète Elliot, plus fâché que moi de l'acharnement dont j'ai été victime la veille.

— C'est poche, mais c'est pas bien grave. D'ici la semaine prochaine, tout le monde va avoir oublié mon rôle dans l'affaire du réacteur.

Yeah, right.

Pendant que Guillaume est parti chercher un ordinateur qu'il a nettoyé, reformaté et dont il a dû remplacer la carte graphique et le ventilateur pour un client, Elliot et moi nous occupons de la caisse. Juste moi en fait, parce qu'Elliot est assis sur un tabouret et cherche à confirmer l'information que je viens de lui rapporter.

— Ah ben calvaire ! s'exclame-t-il enfin.

— Hep ! Surveille ton langage, lui dit Guillaume en sortant de l'arrière-boutique.

— Désolé, s'excuse aussitôt Elliot. C'est vraiment vrai. Il y a vraiment un contrat sur ton avatar, regarde, dit-il en me montrant les fruits de sa recherche sur son cellulaire.

— Je sais. Gabryelle m'avait déjà avertie, mais j'y croyais pas.

— Qui ?

Frak !

— Une fille avec qui je *game* de temps en temps, que je dis.

Personne ne sait que je rencontre régulièrement Gabryelle avec un y, alias Dolann, et que nous travaillons main dans la main afin d'exposer les liens qui unissent le Spectre à Damien Wolfe. Si je pouvais le leur avouer, je jure que je le ferais tout de go. Mais pour des raisons de sécurité, c'est mieux que mes amis ne sachent rien pour le moment. Lorsque cette histoire sera derrière nous, je leur raconterai tout. Promis !

— Et on n'a pas plus d'info pour le tournoi ? me demande Elliot pour la centième fois.

Des clients, un père et sa fille, se présentent à la caisse, m'empêchant de répondre à la question de mon ami, de lui redire exactement la même chose qu'il y a trois minutes, de lui répéter ce que Charlotte, Margot, Guillaume et moi lui avons expliqué les dernières fois qu'il nous l'a posée, cette même question, soit que Marion va entrer en contact avec nous dès que possible, mais qu'entre-temps, il faut garder l'annonce confidentielle.

— Bonjour, qu'est-ce que je peux faire pour vous aujourd'hui ? que je demande au client en me redressant.

— Ma fille, fait l'homme en indiquant la fillette d'une dizaine d'années, a acheté ceci au milieu de la semaine.

Il sort d'un sac de plastique un fusil à pompe Nerf Rival rose. Je reconnais aussitôt le foudroyeur HB50 de D.Va. Je me suis offert le même, à notre retour de Corée. Je devine le problème du client : le mécanisme est coincé, mais il croit qu'il est défectueux. J'ai eu le même pépin avec le mien. L'homme poursuit :

— C'est un peu fâcheux, parce que le fusil s'est brisé le premier soir. Il doit y avoir une pièce qui bloque ; la gâchette est coincée, me montre-t-il en appuyant sur celle-ci, sans effet.

L'homme dépose le jouet sur le comptoir et plonge une main dans la poche de son jeans, probablement à la recherche de la facture, espérant obtenir un échange. Avant qu'il n'ait trouvé le bout de papier, je saisis le fusil de plastique sur le comptoir et tire un bon coup sur la glissière pour armer le mécanisme, puis tire à bout portant sur Elliot, à mes côtés.

— Ouch ! crie-t-il, surpris.

— Voilà, c'est réparé ! que je dis fièrement en tendant le foudroyeur à la jeune fille. Il faut simplement tirer très fort sur la glissière, comme ceci. Tu dois la déplacer complètement vers l'arrière, puis la ramener complètement vers l'avant pour que ça fonctionne.

Je lui montre aussi comment réinitialiser le mécanisme quand une balle se coince, en lui rappelant de ne pas pointer l'arme vers elle-même ou vers ses amis lors de l'opération, parce que ça pince.

Un grand sourire illumine le visage de la fillette. L'arme rose entre les mains, elle repart du magasin en compagnie de son père, qui me regarde avec de la reconnaissance dans les yeux.

— Qu'est-ce qu'on disait, déjà ?

— Qu'il ne faut pas tirer sur ses amis ! dit Elliot, faussement insulté.

Quelques minutes plus tard, il ne reste personne dans La Grotte, à part les cinq joueurs, toujours concentrés sur leur match, et nous. C'est à croire qu'un druide vient de procéder à une incantation et que son cercle de protection empêche les clients de pénétrer à l'intérieur du magasin.

Guillaume nous rejoint au comptoir. Il prend la tasse de café qu'il avait laissée traîner et avale une gorgée. Une grimace de dégoût se forme sur son visage, et il verse le fond de café froid dans la poubelle avant de mettre en marche sa machine à espresso *steampunk*.

— Qu'est-ce que tu comptes faire ? me demande-t-il.

— Par rapport à quoi ?

Guillaume trouve que c'est risqué pour moi de jouer sur les serveurs de KPS en ce moment. S'il y a vraiment un contrat sur la tête de Stargrrrl – et nous savons maintenant qu'il y en a un –, il croit que je devrais me contenter de m'entraîner avec mes camarades jusqu'à ce que la poussière retombe.

— J'y ai pensé... Mais je trouve que ça n'a pas de sens. La *Ligue* est en ébullition. Prop3rgol a besoin de moi. Justin aussi. Ses potes des Chevaliers lui en veulent à mort ! Il m'a écrit il y a quelques jours pour me dire qu'il s'est chicané avec Éloi et qu'il pourrait même être expulsé du groupe.

— Vous prenez ça tellement trop au sérieux, laisse tomber Guillaume, un soupçon de reproche dans la voix.

J'ignore son commentaire.

— Je pourrais changer de nom et d'apparence.

— Et si un joueur se rend compte que tu te tiens toujours avec les *noobs* ici présents ou avec les autres membres de Prop3rgol, qu'est-ce que tu crois qu'il va arriver, Laurianne ? On n'est pas à Metropolis. C'est pas parce que tu enlèves tes lunettes, comme Superman, qu'on ne verra plus que tu es Clark Kent.

— T'exagères.

Guillaume finit de remplir sa tasse, nettoie rapidement la machine, avant de l'éteindre.

— Je te l'ai dit, je le répète : je crois que te connecter sur *Terra I* en ce moment constitue un risque inutile, pas juste pour ton avatar.

— Ça fait au-dessus de deux ans que je ne me suis pas fait tuer, que je lui rappelle.

Quelle courbe d'apprentissage ! Mes premières séances dans *Terra I* avaient été désastreuses et mes avatars ne survivaient que quelques heures, voire quelques jours, jusqu'à ce que Sam et moi développions (enfin) nos compétences de tir et des stratégies pour survivre à nos rencontres avec l'ennemi.

— Toutes mes félicitations, mais jusqu'ici, tu n'étais pas une cible à abattre. Ce n'est plus la même *game* aujourd'hui. Les *gamers* se foutent de la mission, tout ce qu'ils veulent, c'est inscrire

Stargrrrl à leur tableau de chasse. Et comme j'essaie de te le dire, il n'est pas question que de Stargrrrl et de toi, précise-t-il.

— Je ne suis pas certaine de te suivre.

— Tu dis que ça fait deux ans que ton avatar est en vie, c'est ça ? Imagine qu'un mercenaire trouve Stargrrrl et la descende.

— Impossible, que je dis, sûre de moi.

— Pour les besoins de notre réflexion, disons que ça arrive, poursuit-il. Comment crois-tu que tu vas te sentir si, à cause d'une erreur, d'une traîtrise ou d'un pur coup de malchance, Stargrrrl se fait descendre ? Et quand je dis que cette décision va affecter d'autres personnes que toi, je pensais à la Guilde des *noobs*. Vous avez un tournoi qui s'en vient. Serais-tu capable de continuer quand même ?

Ouin, j'avais pas pensé à ça… Dans le fond, il a peut-être raison. Ça me ferait vraiment capoter, je crois. À force de jouer avec cet avatar, il est devenu une sorte d'extension de moi-même. Guillaume n'exagère pas en disant que la perte de Stargrrrl serait dévastatrice.

— T'as probablement raison, que j'avoue du bout des lèvres.

— Bien sûr que j'ai raison, dit-il en passant un bras autour de mes épaules. Je ne te dis pas que tu dois arrêter de jouer, je te conseille simplement de faire attention et de limiter les risques inutiles pendant quelque temps. De toute façon, vous devriez vous concentrer sur vos entraînements.

Le téléphone du magasin sonne et Guillaume attrape le récepteur.

— La Grotte, bonjour ! dit-il machinalement. Hé, salut ! Ça va ? (...) Tu ne m'appelles pas sur mon cell ? (...) T'es *cute* ! (...) Super. Ça vient de se calmer. (...) Tu commences à les connaître autant que moi. Ils sont incapables de se tenir ailleurs...

— C'est qui ? murmure Elliot.

— Ça doit être Zoé, que je réponds à la place de Guillaume.

— Je ne suis pas loin de pouvoir leur laisser la clé du magasin. On pourrait partir une fin de semaine, toi et moi. (...) Et Wosniak, bien sûr !

Veux-tu leur parler ? OK. Une seconde. Je te mets sur le haut-parleur. Charlotte ? Margot ? Venez ici. J'ai Zoé sur la ligne.

Guillaume appuie sur un bouton à la base du téléphone du magasin et dépose le récepteur sur le comptoir.

— Tout le monde est là, Zoé !

À l'autre bout de la ligne, Zoé ne doit rien comprendre à nos salutations, car nous nous exécutons tous en même temps. Lorsque la cacophonie ambiante s'atténue, Charlotte, qui la texte régulièrement, lui demande de ses nouvelles.

— Désolée. Je n'ai pas pu te répondre aussi vite que j'aurais aimé. Mais est-ce que ça te dirait qu'on se rattrape ? Vous pourriez venir faire un tour tous les quatre. J'aurais justement besoin de vos services...

Chapitre 7-12

— Si ça continue, je vais m'habituer à avoir un chauffeur, dit Elliot sur un ton faussement blasé.

— *Calmos*, Lili, c'est juste un Uber que Zoé nous a envoyé, pas une limousine. Sans vouloir vous manquer de respect, monsieur, ajoute rapidement Charlotte à l'intention du chauffeur.

Notre chauffeur, Malik, balaie la remarque de la main, nous informant qu'il en a vu d'autres et que, de toute façon, cet emploi lui convient parfaitement, car cela lui permet de poursuivre ses études en commerce.

— Ma voiture n'est peut-être pas une limousine, mais elle fait le travail, dit-il. Hum, c'est… original comme prénom, ça, Lili. Plus rare pour un garçon, par contre. Mais je ne te juge pas, hein ! C'est pas toi qui as décidé. Je dis juste que c'est un choix, heu, surprenant, que tes parents ont fait.

— C'est Elliot, mon prénom, précise Elliot. Lili, c'est un surnom interdit. Interdit comme dans je ne veux pas vous entendre le répéter, les filles.

— Compris, Lili ! dit Margot.

— Oh, Lili ! que je me plains. La vie est trop triste si tu nous empêches de t'appeler Lili, Lili.

— Je vous déteste, grogne Elliot en s'enfonçant dans son siège.

— Mon Ti-Lili est tristounet ? fait Charlotte avec une voix de bébé.

Elliot fait la moue et nous tire la langue. C'est de bonne guerre. Mais on ne peut s'empêcher de rigoler. Je savais qu'on avait de l'or sous la main, mais jamais je n'aurais imaginé qu'on allait pouvoir l'utiliser aussi vite. Et aussi souvent.

Nous pensions tous retourner au loft/laboratoire de Zoé Ducharme, mais juste après avoir raccroché, celle-ci nous a texté une autre adresse. Elle nous a aussi écrit qu'une voiture viendrait nous prendre afin de nous y amener plus rapidement.

La voiture s'arrête devant ce qui semble être une ancienne salle de quilles. Une vieille enseigne, dont les néons sont éteints depuis belle lurette, tient encore debout et pointe vers l'entrée de la salle. Si je ne savais pas que Zoé nous avait texté l'adresse de ce lieu quelques minutes plus tôt, j'aurais pu croire qu'un tueur en série nous y avait donné rendez-vous afin de nous massacrer, de nous découper en morceaux et de se délecter de notre foie avec des fèves au beurre et un excellent Chianti. Ou peut-être que je regarde trop de films d'horreur ?

— Vous êtes certains que c'est le bon endroit ? nous demande le chauffeur en vérifiant l'adresse sur son téléphone intelligent.

— C'est ce que j'ai dans mon texto, dit Charlotte.

Malik émet un grognement avant de nous laisser sortir de la voiture avec une certaine réticence.

— Est-ce qu'on vous doit quelque chose ? demande Elliot.

— C'est déjà réglé. Mais tiens, prends mon numéro de cell en note, juste au cas. S'il y a quoi que ce soit, vous m'appelez. Compris ? J'ai pas envie d'être la dernière personne à avoir vu les quatre jeunes qui ont mystérieusement disparu. Quelque chose me dit qu'avec mon teint, il y a des chroniqueurs qui vont être trop contents de laisser planer le doute sur mon innocence.

Alors que nous nous approchons de la porte de la vieille salle de quilles semi-abandonnée, qui a vraiment l'apparence d'un mode zombie *IRL,* j'aperçois la voiture de Malik, toujours garée dans le stationnement. Peut-être attend-il que nous nous mettions à crier pour venir à notre secours armé d'un pied de biche... ou pour déguerpir à toute vitesse ?

Zoé apparaît et déverrouille la porte. J'envoie la main à notre chauffeur, lui signifiant que tout est beau et que, selon toutes probabilités, nous ne devrions pas mourir dans d'atroces souffrances. Rassuré, Malik klaxonne un petit coup et démarre.

— Je suis tellement contente que vous soyez là ! nous dit la designer, tout excitée.

Zoé nous entraîne à sa suite vers une grande salle qui a été dépouillée de ses allées ainsi que de la machinerie qui servait à récolter boules et quilles et à les remettre place. Tout a été arraché jusqu'au plancher de béton. Une dizaine de murs temporaires ainsi que quelques cubes d'un mètre de largeur ont été éparpillés un peu partout.

— Bel endroit ! L'emplacement est pas génial, par contre, surtout si tu te lances dans l'immobilier.

Zoé regarde Elliot d'un drôle d'air.

— C'est quoi déjà les trois règles en immobilier ? L'emplacement, l'emplacement et l'emplacement, lance Elliot.

— C'est pas *trois* règles, ça. C'est juste *une* règle, lui réplique aussitôt Charlotte.

— Je sais ! C'est ça, la blague ! plaide-t-il.

— C'est n'importe quoi, laisse tomber sa blonde.

— C'est pas moi qui l'ai inventée, se défend-il.

Ces deux-là pourraient continuer à argumenter longtemps comme ça. Une chance pour nous, Zoé les interrompt.

— Je ne me lance pas dans l'immobilier, à strictement parler, dit-elle, enthousiaste, même si cet immeuble fait partie de mon projet. Je ne pensais pas aller dans cette direction tout de suite, mais j'ai eu une offre vraiment intéressante, et je crois que j'ai pris la bonne décision. L'espace est parfait. Il peut facilement accueillir deux ou trois groupes de dix joueurs à la fois. Probablement plus. Oui, bon, vous allez me dire que le réseau électrique est désuet – il l'est, et il va falloir tout le refaire –, mais, sérieusement, c'est le moindre de mes soucis en ce moment. Et puisque le bâtiment compte deux étages, on peut étendre la zone de jeu au besoin. Ou faire de plus petites sections en restreignant les accès. Le potentiel est juste dément !

Elliot se racle la gorge, confus. Charlotte lance un regard inquisiteur à Margot avant de m'interroger du menton. Je hausse les épaules, déconcertée. Je n'ai pas plus idée qu'elle de ce que Zoé nous raconte en ce moment.

— Hum, Zoé. De quoi tu parles au juste ? lui demande Charlotte.

La designer interrompt son monologue pour pouffer de rire.

— Je m'excuse. Je dois avoir l'air d'une poule pas de tête. C'est juste que j'ai pas beaucoup dormi ces derniers jours. Et vous n'avez vraiment aucune idée de ce dont je vous parle. Pourtant, j'étais certaine de vous en avoir glissé un mot au téléphone. Ce que vous voyez, reprend-elle, ce n'est pas une salle vide…

— Elle a l'air vide à mes yeux, dit Elliot, se faisant aussitôt offrir une bine sur le bras par Charlotte pour qu'il se taise.

— Cette salle contient tout ce dont vous avez toujours rêvé. Vous quatre allez a-do-rer, nous dit Zoé avec un énorme sourire.

Elle nous invite dans une salle adjacente. Sur une table se trouvent quatre vestes, ainsi qu'autant de paires de gants tactiles et de lunettes virtuelles sur lesquelles la designer travaille depuis si longtemps. Lorsque nous avions testé son prototype, quantité de fils allaient de chacune des pièces d'équipement jusqu'à son portable ; cette fois, rien de tout cela. On dirait bien que la designer a résolu son problème de débit d'information.

— Est-ce que c'est vraiment ce que je crois ? que je lui demande, fébrile.

Aussi excitée que moi, la jeune designer fait signe que oui de la tête. Elle nous invite à tester le matériel. Honnêtement, j'avais pris un peu d'avance et commencé à tout enfiler avant même qu'elle ne me le propose. Zoé nous informe que la veste est, elle aussi, dotée d'une capacité tactile, comme les gants. Ce qui veut dire que nous pourrons ressentir les impacts, entre autres.

— Entre autres ? demande Margot.

— Vous verrez.

Alors que Zoé vérifie l'ajustement de chacun de nos équipements, resserrant une sangle sur le casque de Margot, réinitialisant les gants de Charlotte qui n'étaient pas détectés, elle nous rappelle ce que nous savons déjà un peu : lorsque nous interagirons avec l'environnement virtuel qui nous sera proposé, d'infimes impulsions électriques viendront modifier la texture de la fibre de notre veste ou de nos gants. Les lunettes de réalité augmentée appuieront cette illusion et notre cerveau fera le reste du travail.

Je me souviens que, lorsque Zoé nous avait invités à son loft et que j'avais essayé cet équipement pour la première fois, l'effet avait été saisissant. Jamais je n'aurais cru que ça puisse être si convaincant. Mais ce n'est rien à côté de ce qui nous attend aujourd'hui.

— Woah… fait Elliot, bouche bée, en mettant le pied dans la salle principale.

Charlotte, Margot et moi nous précipitons à ses côtés, tandis que j'aperçois Zoé se diriger vers une troisième salle où se trouve une série de moniteurs – probablement une salle de contrôle où elle pourra veiller à ce que notre expérience se déroule de façon optimale.

Si mes trois amis ont toujours la même apparence (fiou !), il n'en est rien de l'endroit où nous pénétrons. La salle a disparu ! En mettant le pied hors du « vestiaire », nous avons abouti dans un nouvel univers complètement et totalement virtuel.

Quand j'ai essayé les lunettes de réalité augmentée de Zoé pour la première fois, il n'y avait que quelques éléments qui avaient été ajoutés à l'environnement ; pour cette démonstration, Zoé a mis le paquet !

Un pré s'étale devant nous à perte de vue. Bon, ce n'est qu'un pré. Mais un pré qui n'existe pas ! Et ça a l'air si réel, si vrai. Quelques nuages dans le ciel bleu viennent donner une profondeur insoupçonnée à l'environnement visuel.

— C'est la Matrice ! Elon Musk l'avait prédit, constate Elliot.

— T'es con, lui dit Charlotte, elle aussi impressionnée.

— Faut avouer que c'est vraiment réussi, que je dis en observant les brins d'herbe qui se balancent à nos pieds.

— Merci, fait la voix de Zoé dans nos oreilles. Regardez sur votre gauche.

Une table se dresse à quelques mètres de nous. Différents objets y sont disposés : des fioles, des livres, un grand bol rempli de sable, un arc et des flèches, etc. Elliot s'approche un peu trop vite et se cogne contre la table. Une fiole bascule sur le côté et roule. Margot l'attrape juste avant qu'elle ne tombe par terre.

— Attention, Elliot ! Une partie des objets sont virtuels, mais certains sont réels, comme cette table, nous informe Zoé.

— Merci de l'avertissement. Ça aurait été bien de le savoir avant que je me cogne…

— Désolée, Lili.

— Ah non, dis-moi pas que tu es au courant, toi aussi !

Charlotte ricane.

Nous nous avançons tous vers la table pour manipuler les objets. Tandis que Margot débouche la fiole et en verse le contenu sur ses mains, je plonge les miennes dans le sable. Aussitôt, les signaux électriques font réagir le tissu de mes gants. Ce n'est pas exactement comme du sable, mais ça s'en approche. Elliot a saisi un des livres sur la table. Il en tourne délicatement les pages et les examine attentivement, comme si c'était la première fois qu'il entrait en contact avec un tel objet. Quant à Charlotte, elle a choisi l'arc. Un carquois à la taille, elle se dirige vers un champ d'entraînement situé à quelques pas de nous, où elle se met aussitôt à décocher des flèches, les unes après les autres. J'aimerais dire que Guillaume Tell s'est réincarné en elle, mais la vérité, c'est que la plupart des flèches ratent leur cible, et celles qui font mouche ne la frappent que mollement.

— Laisse-moi essayer ! que je lui dis.

— Tu peux prendre l'arc sur la table, Laurianne. Il y en a un autre qui s'est généré quelques secondes après que Charlotte a pris le sien.

— Trop cool !

Nous passons une quinzaine de minutes à tirer des flèches sur les cibles, et un peu partout ailleurs aussi (par manque d'adresse et de compétence), ce qui nous fait bien rire.

— Est-ce qu'on peut se tirer dessus ou c'est, je sais pas, dangereux ? demande Elliot.

— Aucun danger, nous répond Zoé. C'est purement virtuel.

Sans crier gare, Elliot se tourne vers moi, une flèche déjà encochée sur la corde de son arc, et le traître la laisse voler. Je n'ai pas le temps de réagir, la flèche me frappe la poitrine et je ressens le choc se propager à travers la veste tactile.

— Ah !

— Est-ce que ça a fait mal ? me demande-t-il, un peu étonné.

— Non, non. Ça m'a prise par surprise. C'est comme… un petit choc électrique. Mais c'est vraiment juste parce que je ne m'y attendais pas, c'était *weird* comme sensation.

Margot relève la tête et s'adresse au soleil, comme si Zoé nous observait depuis l'astre solaire, alors que je me doute qu'elle a dissimulé plusieurs caméras et senseurs dans la pièce pour prendre le pouls du jeu et la position des joueurs.

— As-tu d'autres surprises comme ça ? demande-t-elle à la créatrice.

— J'attendais que vous me posiez la question, nous répond-elle.

Comme si Thanos venait de claquer des doigts, le décor campagnard se met à se dépixéliser et à se décomposer pour laisser apparaître ce qui ressemble à un entrepôt commercial. Une partie des images générées par les lunettes de Zoé me rappelle les murs de la salle. J'en déduis que plusieurs d'entre eux ne sont que factices, que des compositions de pixels, et que je pourrais passer au travers de ceux-ci.

Quelle déduction, Sherlock ! T'es dans un centre de réalité augmentée et tu viens de comprendre que la quasi-totalité de l'environnement est générée par ordinateur. Vraiment, Laurie, tu te surpasses.

Tais-toi, cerveau stupide, que je me réponds à moi-même.

Zoé nous explique le jeu : un classique deux contre deux dans une sorte de labyrinthe. Et pour qu'on puisse attaquer nos ennemis, elle a mis à notre disposition des pistolets laser.

— Je suis avec Laurie ! dit Elliot.

— Pfff ! Dans tes rêves. T'avais qu'à pas m'assassiner froidement en me tirant une flèche dessus.

— Charlotte ? dit-il en tournant vers sa blonde.

— Je suis quoi, moi, ton bouche-trou ? lui lance-t-elle.

— Ben là, prends-le pas comme ça.

— T'as choisi Laurianne avant de choisir ta propre blonde, lui reproche-t-elle.

— C'est pas ça que je voulais dire…

— Je ne te le pardonnerai jamais ! ajoute-t-elle de façon grandiloquente.

— Bon. C'est Charlotte et moi contre Margot et Elliot, que j'annonce en saisissant mon pistolet laser.

Avant qu'on se lance dans la partie, Zoé nous sert un dernier avertissement :

— Interdit de jouer au passe-muraille ! Si vous essayez de tricher et de passer au travers d'un mur, même accidentellement, le système va le savoir et vous serez éliminés. D'accord ? Bonne chasse !

Aussitôt la partie amorcée, un mur apparaît entre nos adversaires et nous, nous forçant à explorer le labyrinthe. Avant toute chose, je m'assure du bon fonctionnement de mon arme. Le cran de sûreté levé, je tire un coup dans le couloir qui s'étend devant nous. Un trait énergétique le parcourt en une fraction de seconde et va frapper le mur du fond.

— *Nice,* que je m'extasie.

À part Charlotte, qui a l'air de Charlotte, et moi, qui suis habillée de mon plus beau kangourou noir, on se croirait presque dans la *Ligue*. Pour l'atmosphère, je veux dire. Enfin, je me comprends.

J'ai si peur de frapper un mur, un vrai, que mes premiers pas se font à tâtons. Après quelques mètres, je prends mes aises, je me laisse aller et fais entièrement confiance à la programmation de Zoé.

Charlotte et moi coordonnons notre avancée par murmures et en communiquant par signes.

N'ayant aucune idée du seuil de tolérance de l'environnement, je fais bien attention de ne pas toucher les murs, de peur d'être disqualifiée du match avant même que l'action ne commence.

Soudain, sortie de nulle part, Margot apparaît à quelques mètres de moi. Je tire sur elle, mais rate la cible. Elle crie et rebrousse chemin en courant sans même riposter. Charlotte et moi nous mettons à sa poursuite. Si Margot et Elliot ont commis l'erreur de se séparer, nous aurons l'avantage sur eux. S'ils sont toujours ensemble, eh bien, tant pis.

La dernière fois que j'ai examiné les statistiques de la Guilde des *noobs*, mon pourcentage de tirs réussis était supérieur à celui d'Elliot. Ça doit être vrai *IRL* aussi. Ce qui implique que Charlotte et moi dominerons cette partie. Dans quelques minutes, nous aurons éliminé nos adversaires, qui n'auront jamais eu la moindre chance contre nous.

— Mouhahaha ! que je rigole diaboliquement en me mettant à couvert derrière d'énormes caisses de bois.

— Quoi ? fait Charlotte en s'agenouillant à mes côtés.

Franchement, Laurie ! Tu t'es encore mélangée dans tes volumes.

— Heu, rien. As-tu vu Elliot ?

— Négatif. Il a dû s'enfermer dans un placard sans faire attention ou carrément se perdre dans le labyrinthe.

Plusieurs flashs de lumière percutent les caisses au-dessus de nos têtes.

— C'est vous qui êtes perdues ! rigole Elliot.

Enfer et damnation ! C'était un piège ! Margot nous a bien eues en nous entraînant dans ce guet-apens. Elle a joué la proie et, comme deux belles tartes, nous avons mordu à l'hameçon !

La retraite est impossible : Margot nous a coincées. D'ailleurs, elle s'assure que nous ne nous sauvions pas en tirant sur les caisses de bois. Les impacts envoient des éclisses valser dans les airs. Charlotte et moi tentons de faire un tir de barrage, de forcer Elliot à se cacher, ce qui nous donnerait quelques secondes pour trouver une position défensive plus efficace, mais il ne bouge pas d'un poil et mon pourcentage de tirs réussis chute dramatiquement.

— Chaque femme pour soi ! que je propose à Charlotte, qui, sans plus attendre, bondit sur ses deux pieds, pour être aussitôt éliminée par Elliot.

En frappant sa veste, les rayons laser virtuels activent le système tactile et lui envoient quelques décharges. Elle pousse de petits cris. En voyant ma camarade tomber au combat, je tente une percée. En d'autres mots : je me dis que si je me mets à courir en criant comme une folle, j'ai peut-être une chance d'effrayer Margot, de la prendre par surprise et de l'éliminer, ce qui me permettrait de me reprendre en main et d'affronter Elliot sur un terrain plus neutre ou carrément à mon avantage.

Ma course se termine avant même d'être amorcée : Margot n'est pas une *noob* et elle sait viser, elle. Je ressens plusieurs impulsions dans mon dos. Les pixels rouges qui s'affichent à l'écran de mes lunettes de réalité augmentée sont un signe clair et net que ma mission a échoué. Ça et le message qui clignote m'informant que je suis morte.

— YAAAA ! hurle Elliot. Domination !

— Belle *game*, qu'on lui confirme avec zéro sincérité dans la voix.

— Vous êtes tellement prévisibles, les filles, nous nargue-t-il. C'en est pathétique.

Découragée qu'Elliot soit un si mauvais gagnant, je roule des yeux. En vérité, je suis surtout dépitée par notre mauvaise performance, à Charlotte et à moi. C'était censé être dans la poche, ce match ! Ils nous ont peut-être battues à plates coutures, mais jamais, au grand jamais, je ne reconnaîtrai – même pas devant un juge – qu'ils ont eu le dessus. C'est comme ça. Je ne suis pas une mauvaise perdante, je suis compétitive. Voilà !

Zoé met un terme à notre séance de jeu. Plutôt que de disparaître entre deux clignements d'yeux, la simulation s'estompe graduellement, se décompose, se dépixélise en quelques instants, comme si le vent du nord – ou Thanos – l'emportait avec lui.

Nous poussons tous un soupir, déçus de voir cette session de jeu tirer à sa fin aussi rapidement.

— Alors ? Avez-vous aimé votre expérience ? nous demande Zoé en sortant de son centre de contrôle.

On parle tous en même temps.

— C'est malade, Zoé ! ! ! J'avais pas le sentiment d'être désorientée comme avec de la VR normale, dit Margot.

— Je peux pas croire qu'on est parmi les premiers à essayer ça ! On est genre comme Neil Armstrong et Buzz Aldrin ! déclare Elliot, toujours dans la modestie, jamais dans l'exagération.

— Moi, ça me donne mal au cœur après quelques minutes habituellement, mais là, c'était parfait ! C'était vraiment cool ! que j'ajoute.

— C'est hallucinant ! Comme… vraiment hallucinant ! répète Charlotte en manque de mots. J'arrivais comme pas à déterminer si c'était vrai ou pas. Et les sensations ! Juste wow !

Après quelques minutes, nous nous remettons de nos émotions. Charlotte poursuit :

— C'est fou tout ce que tu as réalisé depuis la dernière fois ! Pourtant, dans tes messages, tu me disais que tu avais de nouveaux bogues techniques. J'étais certaine que tu mettrais des mois à les régler.

— Tu as raison, dit Zoé. Je t'ai dit que mon projet n'avançait pas aussi vite que je l'aurais souhaité. Et au cours des dernières semaines, j'avais l'impression de me perdre dans l'administration et les rencontres avec mon banquier plutôt que de travailler sur mon prototype. Sur un front comme sur l'autre, il a fallu que je m'avoue que j'étais arrivée au bout de ce que je pouvais faire toute seule.

— Et ça a été quoi, la solution ?

— Elle est venue me voir, dit Damien Wolfe en entrant dans la salle.

Chapitre 7-13

Damien Wolfe pénètre dans la pièce en applaudissant lentement. Dans son costume trois-pièces de luxe, l'homme derrière Kronos affiche une remarquable assurance. Celle de celui qui a réussi. Le genre d'assurance que l'on acquiert lorsqu'on n'hésite pas une milliseconde à écraser nos compétiteurs.

Dire que sa présence me prend par surprise est un euphémisme. Le voir ici, c'est comme apercevoir la lumière du train au bout du tunnel, dirait Elliot. J'avale une grosse boule de salive. Mon visage se vide de son sang. Subitement, j'ai le bout des doigts frigorifié. Qu'est-ce que Damien Wolfe fait ici ?

— Ça va ? me demande Margot. Tu es toute pâle.

— Juste un petit coup de froid, que je me justifie.

C'est à cause de ce vampire, que je me dis en moi-même.

Relaxe, Laurie. Reprends-toi. C’est une coïncidence si Wolfe est ici. C'est impossible qu'il sache quoi que ce soit de tes plans.

— Félicitations ! nous complimente-t-il. Votre démonstration me confirme que j’ai pris la bonne décision en investissant dans cette technologie.

— Tout le monde, j’aimerais vous présenter Damien Wolfe, le président de Kronos. Damien, voici Margot, Charlotte, Elliot et Laurianne.

— Ouah ! fait Elliot, impressionné. Je ne peux pas croire que je vous rencontre pour vrai ! Vous êtes comme ma troisième idole de tous les temps. Il y a genre Patrick Lemieux, Elon Musk et vous ! dit-il sans se rendre compte de son manque de tact.

Wolfe ne semble pas contrarié de se retrouver en troisième position.

— C’est un top trois impressionnant, Elliot. Content d’en faire partie, ajoute-t-il en nous lançant un sourire entendu, voire légèrement condescendant.

Margot secoue la tête tandis que Charlotte envoie une millième taloche derrière la tête de son chum, taloche qui semble le faire allumer.

— Non, mais... euh... C'est pas... C'est juste que Patrick Lemieux, c'est lui qui est derrière *La Ligue des mercenaires*. Et la *Ligue*, ben... c'est ma vie... c'est *la* vie ! Et Musk, c'est sa vision du futur qui me fait capoter. Il est comme... Tony Stark, mais en vrai.

— Elon est plutôt impressionnant, je le reconnais. Mais c'est un homme remarquablement simple malgré tout. Tu serais surpris, dit Wolfe.

— Mais vous ! continue Elliot. Vous êtes comme... une *rock star* de la tech !

En manque de superlatifs, Elliot mime que son cerveau explose.

— Je peux avoir un autographe ? demande-t-il finalement, un peu groupie.

Damien Wolfe est un véritable faucon. Depuis qu'il a mis le pied dans la pièce, je sens son regard de prédateur, sombre et calculateur, se promener sur nous, particulièrement sur Zoé et sur sa technologie, comme si tout cela lui appartenait.

Pourquoi se trouve-t-il ici, en présence du système de réalité augmentée conçu par Zoé Ducharme ? Cet homme est une menace. Il me dégoûte. Est-ce que je peux lui donner un coup de pied dans les tibias sans que ça paraisse suspect ?

— Quand j'ai entendu parler de ce système pour la première fois, j'ai tout de suite contacté Zoé, mais elle a refusé mon offre. C'est tout à son honneur de vouloir travailler en vase clos et d'en récolter les fruits. Et je sais de quoi je parle, j'ai jadis été dans sa position. Zoé ayant sa fierté, je ne l'ai pas relancée. Je la respectais trop pour lui faire cet affront. Je lui ai simplement dit que, si jamais un jour venait où elle avait besoin d'un coup de pouce, Kronos et toute son équipe seraient là pour lui venir en aide.

Mon regard passe de Wolfe à Zoé. Elle semble ensorcelée par cet homme. Ça me fait mal de la voir ainsi. Si elle savait la moitié de ce que j'ai appris sur lui...

— Je ne devrais pas raconter cette histoire, mais j'avais fait un pari avec Bill et Jeff...

— Bill et Jeff ? demande Margot.

— Désolé. Bill Gates et Jeff Bezos. J'avais parié que jamais Zoé ne me relancerait concernant mon offre. Je suis heureux de dire que j'avais tort. Et ça n'arrive pas souvent ! ajoute-t-il en riant.

Les autres s'esclaffent devant l'autodérision de Wolfe. J'essaie de rire avec eux.

— Comme j'ai perdu, j'ai un très gros chèque à remettre à une fondation de leur choix. Enfin, c'est de bonne guerre !

Zoé nous informe qu'elle a conclu une entente avec Damien Wolfe pour la mise en marché de son casque de réalité augmentée.

— Je pense l'appeler « Mirage ». Qu'est-ce que vous en pensez ?

— Tu vas vendre ton invention à Kronos ? que je m'exclame un peu trop vivement.

— Zoé n'aurait jamais vendu sa création, voyons. J'ai même *insisté* pour qu'elle conserve le contrôle de sa technologie. Kronos sera partenaire dans le développement, la production et la mise en marché de Mirage. Je t'ai dit que j'adore ce nom ? lui souffle-t-il, complice.

Zoé sourit, charmée que son investisseur partage son enthousiasme.

— Et ceci, ajoute-t-il en désignant la salle, ceci est la première étape pour faire connaître Mirage au grand public.

Wolfe nous explique qu'il envisage de grandes choses pour le projet de Zoé.

— Comme une chaîne de salles de réalité augmentée ? avance Elliot. Je sais pas si c'est le bon moment, mais j'ai un peu d'argent qui dort dans mon compte. Où je dois signer pour investir ?

Le cellulaire du président de Kronos se met à vibrer. Damien Wolfe répond et, après quelques mots, raccroche et s'excuse de devoir nous quitter.

Après que Wolfe a quitté la salle, je ne peux m'empêcher de questionner Zoé.

— Tu es certaine de vouloir t'associer à Wolfe ?

— Qu'est-ce que tu veux dire ? me demande-t-elle en m'aidant à retirer l'équipement tactile.

— Eh bien… Je sais pas. J'ai lu plein de rumeurs sur Kronos.

— Je te dirai pas ce qui court à mon sujet, tu vas vouloir m'éviter comme la peste ! rigole-t-elle. Laurianne, si tu te mets à croire tout ce qu'on dit sur le net, tu vas finir avec un chapeau en papier d'aluminium sur la tête pour empêcher le gouvernement de lire tes pensées.

— Je sais ! C'est juste que… je sais pas. Je le sens pas, ce gars-là.

Comment lui dire que Damien Wolfe est le diable incarné sans révéler ce dans quoi je suis impliquée en ce moment ?

— Et qu'est-ce que tu fais de ses contrats avec le gouvernement chinois, hein ? Kronos aide la Chine à espionner et à contrôler sa propre population avec un système sophistiqué de caméras. Tu as vu cet épisode de *Black Mirror* ? Tu sais que ce chemin-là est dangereux.

— Oui. Et c'est pourquoi je suis reconnaissante envers Damien qu'il m'ait proposé de conserver le contrôle total sur Mirage. Lui et moi n'avons pas la même philosophie ni les mêmes principes, je le sais. Mais il est prêt à respecter mes limites éthiques. Je n'ai pas plus envie que toi de faire affaire avec une entreprise qui a des liens avec un gouvernement totalitaire. Mais soyons réalistes, Laurie : toutes les compagnies de technologie doivent s'y frotter un jour ou l'autre si elles veulent avoir accès à ce marché. En ayant le contrôle sur Mirage, je vais pouvoir intégrer des mesures de sécurité pour m'assurer que mon invention ne soit pas utilisée à mauvais escient... ici comme ailleurs, me dit-elle sur un ton que je trouve un tantinet condescendant. C'est bizarre. Je me disais que tu serais heureuse pour moi.

Argh ! Pourquoi Zoé ne veut-elle pas entendre raison ? Ce serait tellement simple si je pouvais lui révéler ce que je sais sur Wolfe. Je mettrais une manette de PS4 au feu que Wolfe a installé des caméras-espions dans le laboratoire de Zoé pour la surveiller ou qu'il a demandé au Spectre de hacker ses dossiers. Pfff ! Pas besoin de la hacker, elle va de son plein gré tout remettre à Kronos !

Je vois bien que Zoé ne changera pas d'avis. Wolfe arrive comme un sauveur avec des fonds infinis et des centaines de spécialistes prêts à l'aider à accomplir sa vision. Mirage est son bébé à elle. Il représente tout à ses yeux. Zoé est aveuglée par sa passion et elle ne voit plus les dangers qui la guettent. Elle ne peut pas envisager que cet investisseur providentiel soit là pour lui jeter des bâtons dans les roues, la mettre hors-jeu et se sauver avec les fruits de son travail. Je comprends ça. Je sais ce que je dois faire pour la sauver malgré elle.

— Je le suis, que je réponds. Heureuse pour toi, je veux dire. Tu as peut-être raison, tu sais. J'ai probablement trop passé de temps sur Reddit. C'est pas croyable le nombre de guignols qui poussent leurs théories conspirationnistes là-dessus !

Satisfaite de ma réponse, Zoé me sourit. Puis, elle nous parle de ses plans pour son centre de réalité augmenté en déplacement libre.

Je l'écoute, mais mon esprit est ailleurs. Comme je le disais, je sais ce que je dois faire. Il est hors de question que j'attende les bras croisés, alors que j'ai tous les outils en main pour venir en aide à Zoé. Si je dois trahir une promesse afin de protéger une amie, eh bien, soit !

Insérer un jeton pour continuer la partie…

Remerciements

L'écriture d'un roman est une entreprise solitaire. C'est vrai. Mais elle serait impossible si je n'étais pas si bien entouré. Tout d'abord par ma famille, Julie, Mathilde et Anaïs. Elles me soutiennent, m'encouragent, m'endurent au quotidien et souvent (trop souvent) souffrent de mes absences et s'ennuient de moi lors de mes tournées. Je vous aime et je m'ennuie de vous, moi aussi.

Puis par la superbe équipe de ma maison d'édition. Katherine Mossalim, Marianne Dunberry et Marie-Pascale Danis, triumvirat d'éditrices qui m'offre toute la liberté nécessaire afin que je puisse écrire l'histoire de

Laurianne et plonger celle-ci dans des situations de plus en plus tordues et complexes à chaque tome. La *job* sale de la direction littéraire est assurée par François Couture, qui *dir. litt.* plus vite que son ombre. Merci à toutes les malines du bureau qui travaillent de près ou de loin sur mes romans et qui contribuent à leur succès : Nathalie Thibeault, Shirley de Susini, Diane Marquette, Éliane Champagne, Raúl Galindo Hurtado, ainsi qu'au duo Andréanne Hovington/Sheehy. Salutations spéciales à Margot Cittone pour son dévouement, son enthousiasme et sa passion. Et un grand merci à Marc-André Audet, le grand timonier des Malins, qui a su former une si belle et si bonne équipe.

Un grand merci au seul et unique Yannick Bergeron qui a mis ses connaissances scientifiques au service de la littérature en me fournissant toutes les informations nécessaires afin de saboter avec éclat un labo de chimie.

Enfin, je dois souligner la participation essentielle d'une pierre angulaire de mon travail : mes lecteurs et lectrices. Et j'ai la chance d'avoir les meilleur.e.s ! Vous êtes allumé.e.s, passionné.e.s, brillant.e.s et exigeant.e.s. Ne soyez pas modestes, c'est vrai ! Je le vois tout de suite quand on se rencontre. Cette aventure littéraire ne serait pas possible sans vous.

QLFSAV !